Alois Mayer

Französisch
1. Lernjahr

Grammatik
Wortschatz
Rechtschreibung
Fehlerquellen

MANZ VERLAG MÜNCHEN

Herausgeber: Alois Mayer

Die Deutsche Bibliothek – CIP-Einheitsaufnahme

Mayer, Alois:
Französisch : Grammatik – Wortschatz – Rechtschreibung – Fehlerquellen /Alois Mayer. – [Neubearb.]. – München : Manz.
[Neubearb.]
Lernjahr 1 (1995)
ISBN 3-7863-0707-5

1. Auflage 1995

Umschlaggestaltung: Zembsch' Werkstatt, München
Satz und Layout: Hans Limo Lechner
Zeichnungen: Alexander Zelenkovits und Hans Limo Lechner (S. 14 u. S. 71)
Gesamtherstellung: Verlag und Druckerei G. J. Manz AG,
München / Dillingen
Printed in Germany

ISBN 3-7863-0707-5

Le Havre
Paris
FRANCE
Nantes
Bordeaux
Lyon
Marseille
Salut!
On y va!

Inhalt

Vorwort

Liebe Schülerinnen und Schüler,

dieses Buch will euch durch alle Schwierigkeiten führen, denen ihr im ersten Lernjahr Französisch begegnen könnt. Ganz gleich, ob dies eure 1. oder 2. Fremdsprache ist, ihr findet hier Antwort auf die meisten Fragen.

Eine neue Fremdsprache macht zunächst Spaß. Doch schon bald stellt ihr fest, daß es im Französischen einige Tücken gibt, die einer guten Note ziemlich im Wege stehen. Viele Wörter werden z. B. gleich ausgesprochen aber ganz unterschiedlich geschrieben. Dann sind da die vielen verschiedenen Konjugationen, die man so leicht durcheinander wirft. Und nicht zuletzt auch die Pronomen und Begleiter, die oft über Sinn und Unsinn eines Satzes entscheiden können.

Da viele von euch bestimmt ähnliche Probleme haben, jeder aber seine eigenen Schwerpunkte setzen möchte, behandeln wir Wortschatz, Grammatik und Rechtschreibung in jedem Kapitel. Die Kapitel sind so aufgebaut:

Wortschatz

1. Zuerst wird ein **Wortfeld** eingeführt und in Übungen vertieft. Dies ist interessant für alle, die ihre Vokabelkenntnisse erweitern und festigen wollen.

Grammatik

2. Dann wird eine grammatische Struktur vorgestellt und an Beispielen erläutert. Hier können alle, die **Grammatik** üben wollen, sich richtig austoben.

! FEHLERQUELLEN

3. Ausrufungszeichen geben an, daß ihr hier besonders wach sein müßt, denn damit haben wir beliebte **Fehlerquellen** kenntlich gemacht.

Rechtschreibung

4. Im Teil **Rechtschreibung** finden all diejenigen Hilfe, die Schwierigkeiten mit den Buchstaben haben, die nicht gesprochen aber geschrieben werden.

5. Damit ihr auch allein überprüfen könnt, wie gut ihr das Gelernte beherrscht, findet ihr **Lösungen** zu allen Übungen.

Ihr könnt mit jedem Kapitel beginnen, oder genauer gesagt am besten da, wo es am meisten klemmt. Artikel, Verben, Adjektive und Pronomen werden in eigenen Kapiteln behandelt. Bei vielen Übungen könnt ihr ins Buch schreiben, für andere, z.B. die Übersetzungen, braucht ihr zusätzlich ein Heft.

Wenn ihr wollt, dann könnt ihr uns schreiben, wie euch dieses Buch gefallen hat – und auch, was euch daran nicht so gut gefallen hat:

Manz-Verlag, Postfach 80 12 80, 81612 München; Stichwort Frz. 1. Lernj. Wir würden uns freuen!

Viel Erfolg und gute Noten wünschen euch Autor und Verlag.

Grammatische Fachausdrücke

Fachausdruck Deutsch/Französisch	Entsprechung	Beispiel
Adjektiv	Eigenschaftswort	
l'adjectif		
– attributives		le crayon vert
– prädikatives		le crayon est vert
Adverb l'adverbe	Umstandswort (sehr, ziemlich, fast)	trop, assez très
Artikel	Geschlechtswort	
l'article		
– bestimmter	der, die, das	le livre, l'ami, la lettre, les amis
– unbestimmter	ein, eine, ein	un livre, une amie des amis.
Demonstrativbegleiter le pronom démonstratif	hinweisendes Fürwort (dieser, jener)	ce manteau, cette chemise,ces oranges
Femininum le genre féminin	weibliches Geschlecht (die, eine)	une amie, la veste
Genus le genre	grammatisches Geschlecht (der, die, das)	un fils, une fille
Imperativ l'impératif	Befehlsform (sprich!)	parle, parlons, parlez
Infinitiv l'infinitiv	Grundform (haben, sein)	avoir, parler, arriver
Konjugation la conjugaison	Beugung des Zeitwortes (ich bin, du bist)	je suis, tu es, il/elle est usw.
Maskulinum le genre masculin	männliches Geschlecht (ein/der Freund)	un ami, l'ami

Fachausdruck Deusch/Französisch	Entsprechung	Beispiel
Nomen le nom	Substantiv Hauptwort	le cahier, une revue
Numerus le nombre	Zahl (Einzahl, Mehrzahl)	une fille, des filles
Objektpronomen le pronom d'objet	Fürwort als Satzergänzung	Il **me** cherche, je **la** cherche = ich suche **sie**
Personalpronomen le pronom personnel	persönliches Fürwort	je, me, tu, te, usw.
Plural le pluriel	Mehrzahl (die Bücher)	les livres
Possessivbegleiter l'adjectif possessif	besitzanzeigendes Fürwort (mein, dein, sein)	mon, ton, son, usw.
Präposition la préposition	Verhältniswort (nach, zu, mit)	**à** Munich, **avec** mes amis
Präsens le présent	Gegenwart	je ne parle pas
Reflexivpronomen le pronom réfléchi	rückbezügliches Fürwort	je **me** lave = ich wasche **mich**
Singular le singulier	Einzahl	un ami
Subjekt le sujet	Satzgegenstand	**Nathalie** est une bonne copine.
Verb le verbe	Zeitwort	écouter, faire, aimer

Die Artikel (1) im Singular Les articles au singulier 1

a) Der unbestimmte Artikel im Singular
L'article indéfini au singulier

Wortschatz

In einem Schreibwarengeschäft – *Dans une papeterie*

un livre	ein Buch	une gomme	ein Radiergummi
un cahier	ein Heft	une carte postale	eine Postkarte
un stylo	ein Füller		
un crayon	ein Bleistift	une serviette	eine Aktentasche
un calendrier	ein Kalender	une revue	eine Illustrierte
un journal	eine Zeitung	une (!) enveloppe	ein (!) Briefumschlag
un cartable	eine Schultasche		
un magazine	eine Zeitschrift	une papeterie	ein Schreibwarengeschäft

Strukturen:

(1)C'est…	Dies ist…	(4) Voilà…	Hier ist…
	Das ist…	(5) …s'il vous plaît	bitte
(2)Est-ce… ?	Ist dies… ?		
(3)Qu'est-ce que c'est?	Was ist das?	(6) Avez-vous… ?	Haben Sie… ? Habt Ihr… ?

1. Teste deine Vokabelkenntnisse. Vergiß nicht den unbestimmten Artikel.

1. Zwei Schreibgeräte: ....

2. Du kaufst dir etwas zum Lesen während einer langen Bahnfahrt:

....

3. Was bringt der Postbote? ....

4. Dort kaufst du Schreibhefte: ....

5. Die Hausaufgaben schreibt man in ....

1 DIE ARTIKEL (1) IM SINGULAR

Grammatik

Der unbestimmte Artikel in der Einzahl heißt für

a) männliche Substantive:	un	=	ein;	un monsieur	=	ein Herr
b) weibliche Substantive:	une	=	eine;	une dame	=	eine Dame

2. **Setze un oder une ein:**

1. Est-ce .... calendrier? **2.** C'est .... cahier. **3.** Avez-vous .... serviette ? **4.** Voilà .... gomme. **5.** .... revue, s'il vous plaît. **6.** Avez-vous .... crayon? **7.** Qu'est-ce que c'est? .... papeterie? **8.** Est-ce .... stylo? **9.** Voilà .... enveloppe. **10.** Avez-vous ..... carte postale?

3. **Übersetze:**

1. Hier ist eine Illustrierte. **2.** Eine Postkarte, bitte! **3.** Ist das ein Heft? **4.** Was ist das? Ein Briefumschlag? **5.** Haben Sie einen Kalender? **6.** Hier ist ein Schreibwarengeschäft. **7.** Habt ihr einen Bleistift? **8.** Ist das eine Zeitung? **9.** Hier ist ein Briefumschlag. **10.** Dies ist eine Aktentasche. **11.** Was ist das? Ein Füllfederhalter? **12.** Haben Sie eine Postkarte? **13.** Hast du eine Schultasche?

FEHLERQUELLEN

1. **Zahlreiche Hauptwörter sind im Deutschen männlich, im Französischen jedoch weiblich und umgekehrt.**

   Beispiel:
   ein Radiergummi = une gomme
   eine Zeitung = un journal

2. **Das Französische hat keinen Artikel für das Neutrum. Ein sächliches Hauptwort ist entweder männlich oder weiblich.**

   Beispiel:
   (das) ein Buch = un livre
   (das) Schreibwarengeschäft = une papeterie

Es lohnt sich auf jeden Fall, den Artikel immer gleich mit zu lernen!

4. Schreibe die französischen Bezeichnungen unter die abgebildeten Gegenstände. Vergiß nicht den unbestimmten Artikel!

1. a)

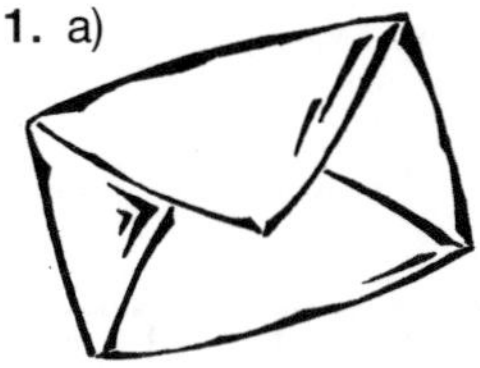

b)

c)

....

....

2. a)

b)

c)

....

....

3. a)

b)

c)

....

....

Rechtschreibung

5. Ergänze die fehlenden Buchstaben:

Mit zwei Dingen kann man schreiben .... y .... und

.... y ....; c .... ier; ...... c ..... ier

6. **Setze die fehlenden Apostrophe und Bindestriche ein.**

Qu est ce que c est? – Est ce Pierre? – S il vous plaît

7. **Kreuzworträtsel**

Damit kann man radieren.

Darin findet man das Neueste.

Darin verschickt man einen Brief.

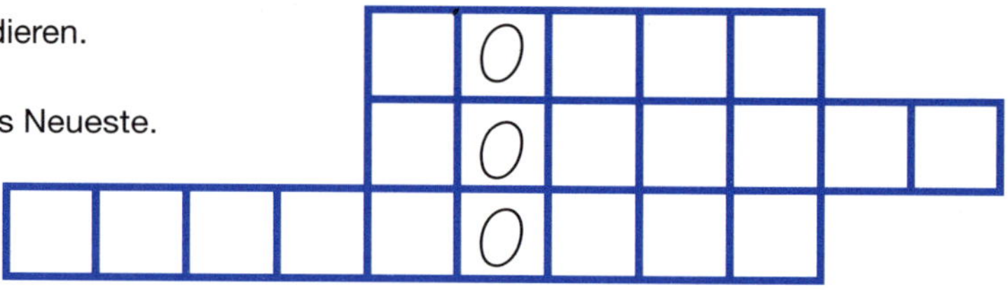

b) Der bestimmte Artikel im Singular

L'article défini au singulier

Wortschatz

Verwandtschaftsbezeichnungen,		Personenbezeichnungen	
le père	der Vater	l'enfant	das Kind
le fils [fis]	der Sohn	la mère	die Mutter
le garçon	der Junge	la fille	1. die Tochter
l'oncle	der Onkel	[fij]	2. das Mädchen
les parents	die Eltern	la tante	die Tante
le grand-père	der Großvater	la grand-mère	die Großmutter
l'étudiant	der Student	l'étudiante	die Studentin
l'homme	1. der Mann	la femme	die Frau
	2. der Mensch	[fam]	
l'élève	1. der Schüler	le frère	der Bruder
	2. die Schülerin	la sœur	die Schwester

Enfant und élève können, je nach der Person, auf die man sich bezieht, männlich oder weiblich verwendet werden: un enfant – un élève; une enfant – une élève.

Strukturen

(1) Où est… ?	Wo ist… ?	(3) Qui est… ?	Wer ist… ?
(2) le père de Pierre	Pierres Vater		
		(4) Que fait… ?	Was macht… ?
		(5) C'est le/la… ?	Das ist… ?

1. **Setze die entsprechenden Verwandtschaftsbeziehungen ein.**
Die Antworten kannst du mit Hilfe des Wortfeldes auf S. 8 überprüfen.

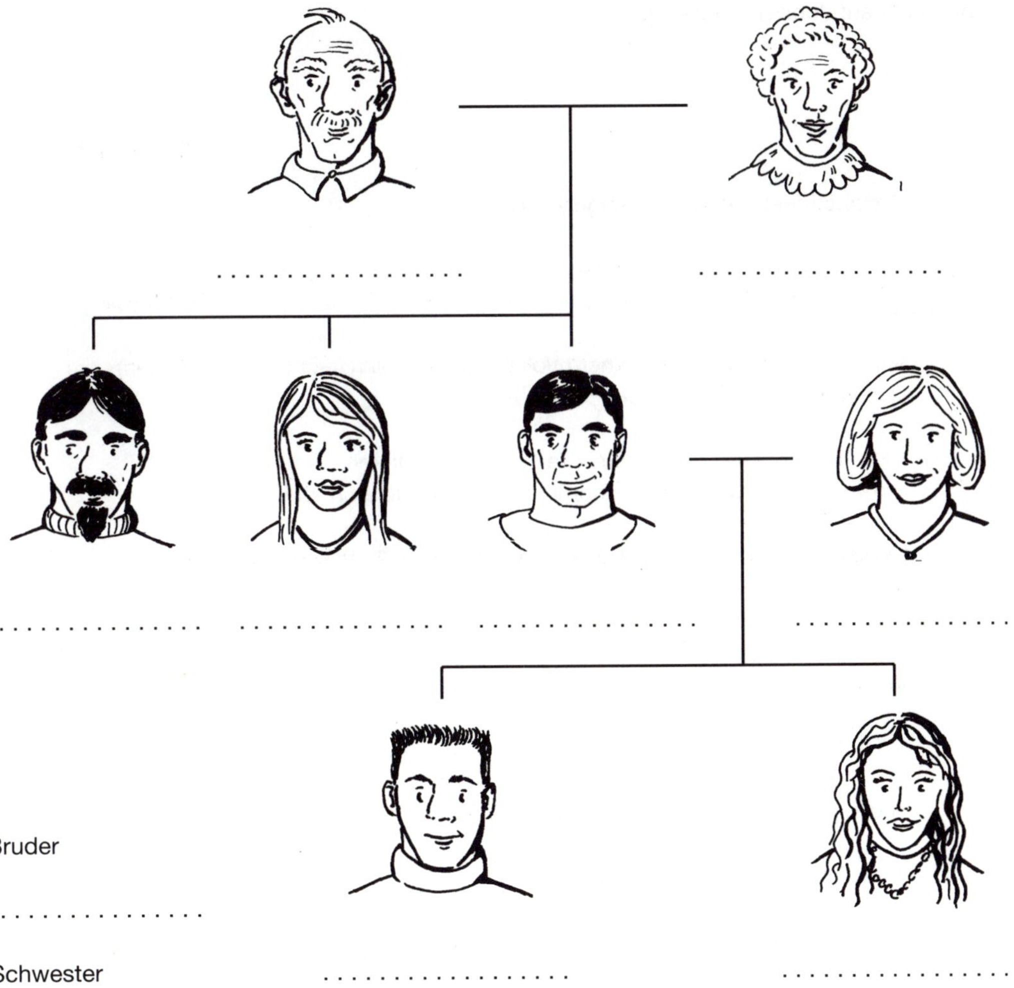

Bruder

. . . .

Schwester

. . . .

2. **Ergänze:**

1. le père et ....
2. la tante et ....
3. la fille et ....
4. la femme et ....

3. **Welche zwei Bedeutungen haben «l'homme» und «la fille» im Deutschen?**

4. **Welche Personenbezeichnungen können sich sowohl auf Mädchen als auch auf Jungen beziehen?**

Grammatik

Der bestimmte Artikel im Singular heißt für

a) männliche Substantive:	le = der;	le père	= der Vater
b) weibliche Substantive:	la = die;	la mère	= die Mutter

Vor Substantiven, die mit einem Vokal oder mit dem (nicht gesprochenen) Buchstaben h anfangen, werden le und la zu l'.

le + oncle →	l'oncle	(der Onkel)
le + homme →	l'homme	(der Mensch, der Mann)

l' bezeichnet man als l Apostroph. (Apostroph = Auslassungszeichen)

5. **Setze le, la oder l' ein.**

1. Où est ...... tante? **2.** Que fait .... garçon? **3.** Voilà .... oncle. **4.** Est-ce .... fille de M. Colotte? **5.** C'est .... grand-mère de Jean. **6.** Où est .... oncle de Marie? **7.** Qui est ...... mère de ...... enfant? **8.** Que fait .... femme? **9.** Où est ...... étudiante?

6. **Stelle die Verwandten von Herrn Colotte vor.**
Du kannst nach folgendem Muster vorgehen:

fils: Voilà Michel. C'est le fils de M. Colotte.

1. fille: Voilà Hélène. C'est . . . . de M. Colotte.
2. mère: . . . . Mme Colotte. C'est . . . .
3. oncle: . . . . M. Forger . . . .
4. tante: . . . . Mme Forger . . . .

7. **Übersetze**

1. Wo ist das Kind? **2.** Ist dies Pierres Mutter? **3.** Was macht die Frau? **4.** Hier ist Pierres Großmutter. **5.** Wer ist die Tochter des Herrn Colotte? **6.** Was macht Michaels Onkel? **7.** Dies ist der Student aus (= de) Paris. **8.** Ist das der Junge? **9.** Wo ist das Mädchen? **10.** Wer ist Hélènes Tante? **11.** Wo ist der Student? **12.** Was macht der Schüler? **13.** Was macht die Schülerin?

8. **Une conversation.**
Setze ein: dans, où, est, merci, est-ce, la sœur, voilà, c'est

Paul: «Qui . . . .?»

Nadine: «. . . . . Hélène, ... de Pierre.»

Hélène: «Pierre travaille (arbeitet) . . . . une papeterie.»

Paul: «. . . . . est la papeterie?»

Nadine: «Rue de la République.»

Paul: «. . . . . une enveloppe, Nadine.»

Nadine:« . . . . , Paul.»

9. **Ergänze die fehlenden Zeichen in den folgenden Wörtern:**

l eleve; la grand mere; l homme; le garcon

10. **In den Buchstabenschlangen verbergen sich Fragen. Schreibe sie heraus.**

1. QuiestlefrèredeMarie? ....
2. OùestlafemmedemonsieurColotte? ....
3. Quefaitlegrandpèredanslapapeterie? ....

11. **Kreuzworträtsel**

Die Buchstaben in den grauen Feldern ergeben von oben nach unten gelesen eine französische Hafenstadt am Mittelmeer.

1. Diesen Buchstaben haben Marcel und Monique gemeinsam.
2. Dieses Wort enthält ein c mit einem Schwänzchen.
3. La fille et le...
4. In diesem Wort wird ein «e» wie ein «a» gesprochen.
5. Le fils et la...

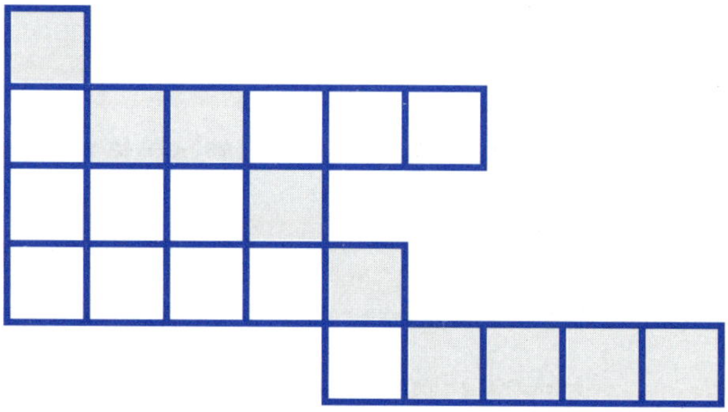

Lösung: ... ...

Die Artikel (2) 2

a) Das Substantiv und die Artikel im Plural (1)
Le substantif et les articles au pluriel (1)

Wortschatz

Das Gedeck – *le couvert*

le verre	das Glas	la serviette	die Serviette
le pot	der Topf	la nappe	das Tischtuch
le plateau	das Tablett	la tasse	die Tasse
le couteau	das Messer	la soucoupe	die Untertasse
le bol	die Trinkschale	la casserole	der Kochtopf
la fourchette	die Gabel	la table	der Tisch
la cuiller	der Löffel	la bouteille	die Flasche
oder		une assiette	ein Teller
la cuillère	[kɥijɛr]		

Strukturen:

(1) Où sont ... ?	Wo sind... ?	(3) Les... sont là.	Die... sind dort.
(2) Voilà... .	Hier sind die... .	(4) Les... sont ici.	Die... sind hier.

(5) Apportez. . . . , s'il vous plaît. – Bringen Sie . . . . , bitte.
(6) Apporte. . . . . . . , s'il te plaît. – Bring . . . . , bitte.
(7) Les . . . . sont sur... – Die . . . . sind auf...
(8) Ce sont . . . . – Dies sind . . . .

Nützliche Wendungen bei Tisch

Expressions utiles à table

Das ist sehr gut. – C'est très bon.
Reichen Sie mir bitte das Glas. – Passez-moi le verre, s'il vous plaît.
Noch ein bißchen? – Encore un peu?
Bedienen Sie sich. – Servez-vous.
Noch ein wenig Limonade? – Encore un peu de limonade?
Nein, danke. – Non, merci.

1. Auf dem Tisch sind...

Sur la table, il y a...

1. des ....
2. ....
3. ....
4. ....
5. ....
6. ....
7. ....

2. Was sagt man?

Mutter braucht einen Kochtopf, Hélène soll ihn bringen.

Sie sagt: Hélène, ... s'il.

....

Hélène weiß nicht, wo der Kochtopf ist.

Sie fragt: .... ?

Die Mutter antwortet, daß der Kochtopf auf (= sur) dem Tisch in der Küche (= cuisine) ist.

....

....

3. Du bist bei einer französischen Familie zum Essen eingeladen. Was sagst du?

Das Essen schmeckt dir sehr gut. – ....

Man bietet dir Orangensaft an, du möchtest ein bißchen davon. ....

....

Man bietet dir Wein an, aber du lehnst dankend ab. ....

Grammatik

1. Die Substantive erhalten im Plural ein **-s**.

2. a) Die männliche Form **le** und die weibliche Form **la** des bestimmten Artikels heißen im Plural **les**.

   b) Die männliche Form **un** und die weibliche Form **une** des unbestimmten Artikels heißen im Plural **des**.

Singular		**Plural**	
le	crayon	les	crayons
la	revue	les	revues
un	garçon	des	garçons
une	fille	des	filles

Eine Reihe von Substantiven, z.B. solche, die auf -eau enden, erhält im Plural ein **-x**:

le cout**eau** (das Messer) – les coutea**ux**
le plat**eau** (das Tablett) – les platea**ux**

FEHLERQUELLEN

1. **Die Pluralendung -s ist in den meisten Fällen nicht hörbar und wird beim Schreiben leicht vergessen.**

2. **Im Gegensatz zum Deutschen und Englischen besitzt das Französische eine Pluralform für den unbestimmten Artikel.**

   Singular: ein Heft = *un cahier*
   Plural: Hefte = *des cahiers*

4. **Setze die Wörter in den Plural:**

1. le verre – . . . . ; **2.** un bol – . . . . ;

3. la tasse – . . . . ; **4.** une serviette – . . . . ;

5. un pot – . . . . ; **6.** une cuillère – . . . . ;

7. un couvert – . . . . ; **8.** le plateau – . . . . ;

9. un couteau – . . . . ; **10.** une assiette – . . . . ;

5. **Setze die Sätze in den Plural:**

1. Apportez un verre, s'il vous plaît. . . . .
2. Voilà le couteau. – . . . .
3. Avez-vous une serviette? – . . . . ?
4. Où est l'assiette? – . . . . ?
5. Le bol est là. – . . . .
6. Le plateau est ici. – . . . . ?
7. La bouteille est sur la table. – . . . .
8. La fourchette est ici. – . . . .
9. Voilà une casserole. – . . . .
10. Le couteau est sur le plateau. . . . .

6. **Einige Substantive haben im Plural die Endung -x.
Notiere bitte zwei davon, der «Wortschatz» hilft dir dabei.**

1. . . . . 2. . . . .

7. **Übersetze und achte dabei auf mögliche Fehlerquellen:**

1. Hier sind Gabeln. **2.** Die Teller sind auf dem Tisch. **3.** Wo sind die Flaschen? **4.** Haben Sie Servietten? **5.** Bring Löffel, bitte! **6.** Wo sind die Löffel? **7.** Die Messer sind dort. **8.** Die Untertassen sind hier. **9.** Die Tassen sind auf dem Tablett. **10.** Dies sind Kochtöpfe. **11.** Haben Sie Tabletts? **12.** Dies sind Tischtücher. **13.** Bringen Sie eine Flasche und (= et) Gläser, bitte!

Rechtschreibung

8. Reimwörter

Welche zwei Wörter reimen sich auf «le couteau»?

....

Was reimt sich auf «la casserole»? ....

und mit «la cuiller» oder «la cuillère»? ....

9. Einfache Konsonanten oder doppelte? Ergänze bitte:

1. (pp oder p?) A … orte les soucou … es, s'il te plaît.
2. (tt oder t?) Les assie … es sont sur le pla … eau.
3. (ll oder l?) La cui … ère est dans la cassero … e.

10. Kreuzworträtsel

Die Buchstaben in den grauen Kästchen ergeben eine sehr beliebte Beilage.

Topf

Frau

die (Pl.)

Gabel

Kalender

Teller (Pl.)

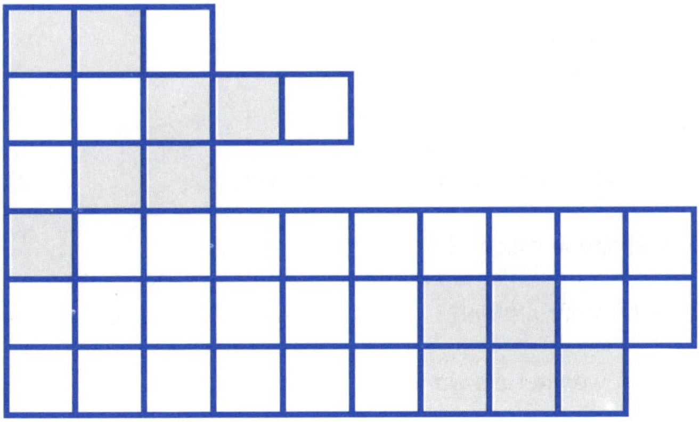

Lösung: … … … … … … … … … … … …

b) Der Teilungsartikel
L'article partitif

Wortschatz

Frühstück – *le petit déjeuner*

le lait	die Milch	le café au lait	der Milchkaffee
le sucre	der Zucker	le thé au citron	Tee mit Zitrone
le beurre	die Butter	le miel	der Honig
le pain	das Brot	la confiture	die Marmelade
le petit pain	das Brötchen	la tartine	die Brotscheibe
le croissant	das Hörnchen	le sandwich	das belegte Brot
un œuf [œf]	das Ei	il prend	er nimmt
Plural: des œufs [ø]		il boit	er trinkt

Adverbien der Menge

beaucoup de	viel	peu de	wenig
trop de	zu viel	trop peu de	zu wenig

1. Antworte mit dem richtigen französischen Wort:

1. Was macht Kaffee oder Tee süß? ....
2. Nenne zwei süße Brotaufstriche. ....
3. Ein Gebäck wie ein Halbmond: ....
4. Einem Vogel nehmen wir es täglich weg: ....
5. Zuviel davon macht dick: ....
6. Was ist mehr als viel? ....
7. Was ist weniger als wenig? ....

Grammatik

Teilungsartikel

1. Form:

Der Teilungsartikel besteht aus dem Teilungsartikel (= von) und den bestimmten Artikeln le, la und les. De wird mit le und les zusammengezogen zu:

de + le	→	du:	il apporte	du	café.
de + les	→	des:	il apporte	des	livres.

Keine Verschmelzung: Il apporte de la confiture.
Il apporte de l'argent. (argent = Geld)

2. Bedeutung:

a) Im Singular bedeutet der Teilungsartikel eine unbestimmte Menge:
Il mange du pain = Er ißt Brot. Il mange de la soupe = Er ißt Suppe.

b) Der Plural des unbestimmten Artikels bezeichnet eine unbestimmte Anzahl:
Il mange des sandwiches = Er ißt belegte Brote.

3. Verkürzte Form:

Dagegen steht nur das partitive de:

a) wenn die unbestimmte Menge bzw. Anzahl näher bestimmt ist; z.B. durch (1) Mengenangaben oder durch (2) Adverbien der Menge:
(1)*Voilà une tasse de café. Apportez un verre de thé. J'ai un kilo de bananes.* (2)*Tu fumes trop de cigarettes. Nous avons assez de confiture.*

b) in verneinten Sätzen:
Je ne fume pas de cigarettes. Je ne mange pas de confiture.

Ausnahme: Wird das Verb *être* verneint, so steht der volle Teilungsartikel:

Ce n'est pas du thé. Ce n'est pas de la confiture.
Ce ne sont pas des oranges.

FEHLERQUELLEN

Zählbare Dinge stehen auch nach dem verkürzten Teilungsartikel im Plural:

Je ne fume pas de cigarettes.
Il ne prend pas de tartines.

2. **Setze den Teilungsartikel ein:**

1. Il prend . . . . . . lait, ... confiture et . . . . petits pains. **2.** Elle prend . . . . thé au citron, ... miel, ... croissants et . . . . . . beurre. **3.** Voilà. . . . . sucre, ... pain, ... œufs et . . . . tartines. **4.** Le garçon apporte une tasse . . . . café et peu . . . . lait. **5.** Il prend beaucoup . . . . café et peu . . . . . lait. **6.** Mme Colotte apporte . . . . bananes, ... citrons et un kilo . . . . . oranges. **7.** Tu manges trop . . . . croissants et trop peu . . . . pain. **8.** Il prend . . . . tartines, et un peu . . . . beurre. **9.** Il boit . . . . café au lait; elle boit beaucoup . . . . thé au citron. **10.** Voici . . . . petits pains, ... thé . . . . confiture et un peu . . . . . . lait.

3. **Du darfst diesmal Besserwisser sein. Verneine die folgenden Sätze.**

1. Elle boit du thé. – . . . .

2. La fille apporte des tasses de café. . . . .

. . . .

3. Alain prend des croissants. – . . . .

4. Ce sont de petits pains. – . . . .

5. C'est du beurre. – . . . .

6. Nous mangeons de la confiture. – . . . .

7. C'est du sucre. – . . . .

8. Nous avons du sucre. – . . . .

9. Ce sont des sandwiches. – . . . .

4. Bilde Fragen und Antworten nach dem folgenden Muster:

Avez-vous du lait? – Non, nous n'avons pas de lait?

pain, beurre, œufs, tartines, sandwiches, thé au citron, confiture.

5. Übersetze:

1. Er nimmt Milch, aber (= mais) er nimmt keinen Zucker. **2.** Du ißt zuviel Butter. **3.** Wir haben viele Hörnchen, aber wenig Brötchen. **4.** Was ist das? Marmelade? **5.** Wir haben zu wenig Tee. **6.** Dies ist kein Milchkaffee. **7.** Sie trinkt Tee mit Zitrone und ißt belegte Brote. **8.** Bringen Sie Eier, bitte! **9.** Dies sind keine Brötchen. **10.** Hier ist Zucker, Milch und Kaffee. **11.** Bringen Sie Marmelade, bitte! **12.** Sie nimmt viel Zucker. **13.** Ein Glas Tee, bitte **14.** Du ißt zu wenig Brot.

6. Schreibe die französischen Bezeichnungen zu den Abbildungen – natürlich mit dem «article partitif».

....

Rechtschreibung

7. Kreuzworträtsel

Der letzte Buchstabe in den Kästchen hilft dir, das richtige Wort zu finden. Du findest alle Wörter in der Wortliste auf S. 18.

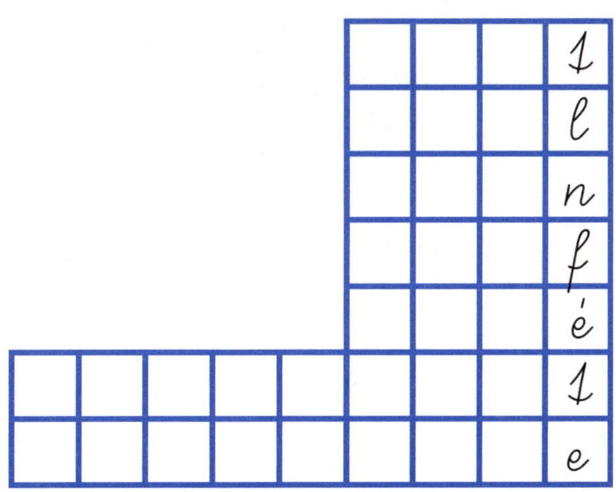

c) Die Präpositionen «de» und «à» beim Substantiv
Les prépositions «de» et «à» avec un nom.

Wortschatz

1. Wendungen mit der Präposition de:

parler de	sprechen von	rentrer de	zurückkommen von,
rêver de	träumen von		zurückkommen aus
être loin de	weit entfernt sein von	être près de	nahe bei sein
être content de	zufrieden sein mit		

2. Wendungen mit der Präposition à:

donner à	jemandem geben	demander à	jemanden (!) fragen,
montrer à	jemandem zeigen		jemanden (!) bitten
rester à	bleiben in	parler à	mit jemandem sprechen

1. Mit den Vokabeln aus der Wortliste oben wirst du die Fragen spielend auf französisch beantworten können.

1. Das Gegenteil von «loin de»? ....

2. Es passiert, wenn man schläft: ....

3. Der Unterschied zwischen «parler de» und «parler à»? ....

   ....

   ....

4. «Rentrer» und «rendre» klingen zwar ähnlich, haben aber ganz unterschiedliche Bedeutungen. Welche?

   ....

5. Was fehlt in diesem französischen Satz:

   Je demande (quelque chose) .... Julien. – Ich bitte J. (um etwas).

6. Nenne das Gegenteil von «partir»: ....

Grammatik

de

1. Bedeutung:

a) de bei einem Substantiv wird verwendet, um eine Zugehörigkeit (Besitzverhältnis) auszudrücken:

les fenêtres de la cathédrale.	die Fenster der Kathedrale
C'est le livre de Pierre.	Das ist Pierres Buch.

de mit einem Substantiv gibt die Antwort auf die Frage wessen? (Genitiv)

b) de vor einer Ortsangabe heißt: von, aus

Il téléphone de Paris.	Er telephoniert aus Paris.

2. Verschmelzung von de mit den Artikeln le und les (articles contractés):

de + le → **du:** *Voilà le chef du restaurant.* – Hier ist der Chef des Restaurants.

de + les → **des:** Voilà les livres des garçons. – Hier sind die Bücher der Jungen.

à

1. Bedeutung:

a) à bei einem Substantiv wird verwendet um die Person (Sache zu bezeichnen) an die man sich wendet:

Il montre les photos à Hélène.	Er zeigt Hélène die Photos
Il donne le livre à l'élève.	Er gibt dem Schüler das Buch.

à mit einem Substantiv gibt die Antwort auf die Frage wem? (Dativ, Complément indirect)

b) à vor einer Ortsangabe heißt: in, nach, zu

Il est à Reims.	Er ist in Reims.
Il va à Paris.	Er geht (fährt) nach Paris.
Il va à l'école.	Er geht zur Schule.

2. Verschmelzung von à mit den Artikeln le und les: (articles contractés)

à + le → **au:** *Il donne l'argent au garçon.* – Er gibt dem Jungen das Geld.

à + les → **aux:** *Il montre la ville aux touristes.* – Er zeigt den Touristen die Stadt.

FEHLERQUELLEN !

1. **Man hört keine Unterschied zwischen au und aux. Achte beim Schreiben auf die Singularform au und die Pluralform aux!**

2. **Vergleiche die Wortstellung im Deutschen und Französischen. Der Dativ (à mit Substantiv) steht am Ende des Satzes: Elle donne les oranges au garçon.**

2. **Setze de, de l', du, de la, des an die richtige Stelle:**

1. Voilà l'ami . . . . . Dominique. **2.** Il parle . . . . . . garçons. **3.** Elle rentre . . . . . . ville. **4.** Nous sommes contents . . . . hôtel. **5.** La mère . . . . enfants n'est pas là. **6.** Où est la lettre . . . . . . oncle? **7.** Parles-tu . . . . . . amis? **8.** Il téléphone . . . . . restaurant. **9.** La papeterie est près . . . . cathédrale. **10.** Etes-vous contents. . . . . livre? **11.** La maison n'est pas loin . . . . . ville. **12.** Elle rêve . . . . Paris. **13.** Nathalie parle . . . . dessert. **14.** La cravate . . . . professeur est jolie. **15.** La revue . . . . . . dame est sur la table. **16.** Est-ce que ce sont les assiettes . . . . enfants? **17.** Parlez-vous . . . . . père . . . . . Robert?

3. **Diesmal fehlen à, à l', au, à la und aux. Du kannst sicher helfen.**

1. Il montre les photos . . . . . enfants. **2.** Le père donne de l'argent . . . . fille. **3.** Elle est . . . . .restaurant. **4.** Est-il . . . . . Marseille? **5.** Il parle. . . . . oncle. **6.** M. Colotte montre la ville . . . . . amis. **7.** Demandez . . . professeur. **8.** Nous montrons les photos . . . . . étudiants. **9.** Restez vous . . . . . maison? **10.** Le guide (Führer) montre la cathédrale . . . . . . touristes. **11.** Il va . . . . papeterie. **12.** Mme Colotte montre la tasse . . . . . tante. **13.** L'élève va . . . . école. **14.** Les étudiants posent des questions . . . . professeur. **15.** Voilà un café . . . . . lait. **16.** Il parle . . . . . . l'ami de Pierre.

4. **Übersetze**

1. Die Fenster des Hauses sind geschlossen (fermées). **2.** Sie kommt aus der Stadt zurück. **3.** Er zeigt den Touristen das Bild. **4.** Gebt ihr dem Mädchen das Geld? **5.** Das Hotel ist weit von der Stadt entfernt. **6.** Seid ihr mit dem Nachtisch zufrieden? **7.** Fährst du nach Paris? **8.** Wir sprechen von Peters Freundin. **9.** Er spricht mit Peter. **10.** Er spricht deutsch mit den Touristen. **11.** Ist dies das Buch des Jungen? **12.** Sie geht nicht zur Schule. **13.** Wir telefonieren aus Paris. **14.** Er geht zur Arbeit.

Rechtschreibung

5. **Gleich gesprochen, aber anders geschrieben – diesmal sind es «au» und «aux», die du auseinanderhalten mußt.**

1. Le professeur montre le livre .... garçons.
2. Pierre donne un bonbon .... frère de Monique.
3. Maman parle .... filles.
4. Nous sommes .... lycée «Gutenberg» à Munich.
5. Pierre répond .... professeur.

6. **Auch hier besteht Verwechslungsgefahr!**
Setze «de, des» oder «deux» an die richtige Stelle.

1. J'ai .... frères, Paul et Georges.
2. Les étudiants rêvent .... vacances. (= die Ferien).
3. Jean est content .... la note en allemand.
4. Les touristes rentrent .... vacances.

3 Das Verb (1) Le verbe

a) Die Konjugation der Verben auf -er
La conjugaison des verbes en -er

Wortschatz

1. Regelmäßige Verben auf -er:

regarder	un tableau	ein Bild	betrachten
montrer	une photo	ein Foto	zeigen
fermer	la fenêtre	das Fenster	schließen
	la porte	die Tür	
quitter	une maison	ein Haus	verlassen
	une ville	eine Stadt	
chercher	un hôtel	ein Hotel	suchen
parler	français	französisch	sprechen
	allemand	deutsch	
	anglais	englisch	
poser	une question	eine Frage	stellen
fumer	une cigarette	eine Zigarette	rauchen

2.1 Verben, deren Stamm auf -g endet:

manger	une soupe	eine Suppe	essen
	une salade	einen Salat	
	un dessert	einen Nachtisch	
corriger	une faute	einen Fehler	verbessern
ranger	les affaires (f.)	die Sachen	aufräumen

2.2 Verben, deren Stamm auf -c endet:

prononcer	mal	schlecht	aussprechen
	bien	gut	
commencer	un travail	eine Arbeit	beginnen
lancer	un ballon	einen Ball	werfen
foncer		schnell	fahren

1. Welche Wörter aus den Spalten a) und b) passen zusammen?

a)	b)
poser	un travail
corriger	une salade
lancer	une porte
fermer	une question
manger	une faute
commencer	un ballon

2. Was muß man tun, wenn...
...man est eilig hat? – *Il faut* (= man muß) *foncer.*

Was muß man tun, ...

...wenn Besuch kommt, und das Zimmer nicht aufgeräumt ist?

Il faut ....

...wenn es im Zimmer kalt ist, weil das Fenster offen ist?

Il faut ....

...wenn man nicht verstanden wird, weil man etwas schlecht ausspricht?

Il faut ....

...wenn die Suppe kalt wird?

Il faut ....

...wenn man auf einer Reise einen Ort zum Schlafen sucht?

Il faut ....

...wenn man etwas nicht verstanden hat?

Il faut ....

3. Ein falscher Freund – Un faux ami

Falsche Freunde sind Wörter, die im Deutschen und Französischen ähnlich aussehen und klingen, sich aber in einigen Kleinigkeiten unterscheiden, wie z.B. (dt.) komfortabel – (frz.) confortable.

In der Wortliste und in der Übung 1 findet sich solch ein falscher Freund. Schreibe ihn mit Artikel heraus und unterstreiche die Unterschiede.

Grammatik

1. Regelmäßige Konjugation:

Singular:	je	port-e	Plural:	nous	port-ons
	tu	port-es		vous	port-ez
	il/elle	port-e		ils/elles	port-ent

(ich trage, du trägst, er, sie, es trägt)

(wir tragen, ihr tragt, sie tragen)

Anmerkung: Für die höfliche Anrede einer oder mehrerer Personen wird vous verwendet: vous portez – Sie tragen.

2. Unregelmäßige Verbformen in der 1. Person Mehrzahl:

a) Bei Verben, deren Stamm auf -g endet, wird in der 1. Person Plural (nous) ein **-e** zwischen Stamm und Endung eingefügt:
nous mang + e + ons → nous mangeons wir essen

b) Bei Verben, deren Stamm auf -c endet, wird in der 1. Person Plural (nous) statt -c ein -ç (c cédille) geschrieben.
nous prononçons wir sprechen aus

Durch diese beiden Änderungen in der Schreibweise wird die Aussprache von g [ʒ] und c [s] beibehalten.

FEHLERQUELLEN

Die Verbformen *porte, portes* und *portent* werden gleich ausgesprochen: [pɔrt]. Die Endungen werden jedoch verschieden geschrieben. Achte also auf diese Übereinstimmung von Person und Verb-Endung!

je, il/elle	port	-e	
tu	port	-es	[pɔrt]
ils/elles	port	-ent	

4. Ergänze die Endungen:

1. Il regard ..... une photo. **2.** Ils regard ..... un tableau. **3.** Elle cherch ..... une papeterie. **4.** Elles cherch .... un hôtel. **5.** Nous mang .... une salade. **6.** Tu prononc .... bien. **7.** Ils parl .... allemand. **8.** Nous rang .... les affaires. **9.** Tu quitt .... la ville. **10.** Je commenc ...... le travail. **11.** Vous rang .... les affaires. **12.** Tu fonc ....

5. Setze in den Plural und achte dabei auf den unbestimmten Artikel.

1. Il porte une cravate.
2. Elle mange un dessert.

6. Setze das passende Verb aus der Wortliste ein. Achte auf die Endungen!

1. Les hommes f........ des cigarettes. **2.** La fille m .... le dessert et les garçons m ...... la salade. **3.** Nous l .... le ballon. **4.** Ils p .... une question. **5.** Nous p .... mal. **6.** Elle ch .... un hôtel. **7.** Tu p......... français. **8.** Ils qu............ la maison. **9.** Vous c .... le travail. **10.** Elles p.......... bien. **11.** Les élèves f .... les fenêtres.

7. Ein Gespräch mit Lücken – fülle sie bitte aus.

a) **1.** Tu parles français? – Non, je .... anglais, Peter ....
français, Hélène et Pierre .... allemand.

2. Tu regardes les revues? – Non, je ....les cartes postales, Jean et
Pierre ....les revues.

Et Nicole – Elle .... les tableaux.

3. Tu fumes? – Oui, je .... des cigarettes.

et Mme Colotte? – Elle .... des cigares.

b) **1.** Vous mangez un dessert? – Non, nous .... une salade.

2. Vous rangez les livres? – Non, nous .... les journaux.

3. Vous prononcez bien? – Non, nous .... mal.

4. Vous commencez le travail – Oui, nous .... maintenant. (jetzt)

8. Übersetze:

1. Die Schüler zeigen die Photos. **2.** Wir korrigieren die Fehler. **3.** Wir werfen den Ball zu (=à) Peter. **4.** Er sucht ein Hotel. **5.** Sie suchen ein Schreibwarengeschäft. **6.** Wir beginnen die Arbeit. **7.** Wir fahren schnell. **8.** Das Mädchen betrachtet das Bild, und die Jungen betrachten die Fotos. **9.** Wir sprechen schlecht aus. **10.** Der Herr spricht französisch und die Studenten sprechen englisch.

Rechtschreibung

9. Was fehlt den hervorgehobenen Wörtern, trage es bitte nach:

1. Le touriste quitte **l hotel**; **2.** Il ferme la **fenetre**; **3.** Nous **commencons** le travail;

4. Nous **mang ons** le dessert; **5.** Je parle **francais**.

10. **Aus den folgenden Silben kannst du eine Reihe Wörter bilden:**

mai – tel – vail – tab – être – alle – leau – tra – son – mand – fen – hô

b) Die Verneinung
La négation

Wortschatz

écouter	la radio	Radio	hören
apporter	le couvert	das Gedeck	bringen
arrêter	un taxi	ein Taxi	anhalten
inviter	un ami	einen Freund	
	une amie	eine Freundin	einladen
aimer	le (!) café	gerne Kaffee	trinken
	le (!) thé	gerne Tee	(mögen)
étudier	le (!) français	Französisch	studieren
oublier	un mot	ein Wort	vergessen

1. **Ergänze die Sätze mit Wörtern aus der Wortliste oben:**

1. Monsieur Colotte . . . . un taxi. **2.** Nous . . . . le français. **3.** J'aime le . . . . . . et le . . . . **4.** Nadine, ... les couverts, s'il te plaît. **5.** Nous . . . . une chanson à la radio. **6.** Nadine est . . . . de Chantal, et Pierre est . . . . de Paul.

Grammatik

1. Die Verneinung mit ne... pas.

Bei der Verneinung steht ne vor dem Verb und pas nach dem Verb:
Elle ne mange pas.

Vor einem Verb, das mit Vokal beginnt (apporter = bringen), wird ne zu n':
Elle n'apporte pas :

Anmerkung: In der Umgangssprache wird ne weggelassen:
Elle mange pas.

2. Die Verneinung und die unbestimmten Artikel.

Auf ein verneintes Verb folgt kein *un*, *une* oder *des*. (Wenige Ausnahmen!) Statt des unbestimmten Artikels steht nur **de**. Vergleiche:

bejahtes Verb:	Verneintes Verb:
Il apporte un couteau	Il n'apporte pas de couteaux
Il apporte une fourchette	Il n'apporte pas de fourchettes
Il apporte des verres	Il n'apporte pas de verres.

FEHLERQUELLEN

Vor Wörtern, die mit einem Vokal beginnen, werden ne und de apostrophiert: Il n'apporte pas d'assiettes.

2. Hier ist wieder jemandem die Sprache ausgegangen! Helft ihm doch bitte auf die Sprünge:

1. Vous fumez? – Non, je . . . . fume . . . . **2.** Il fonce? – Non, il . . . . fonce . . . . **3.** Il prononce bien? – Non, il . . . . prononce . . . . bien. **4.** Ils ferment la porte? – Non, ils . . . . ferment . . . . . . la porte. **5.** Tu quittes la ville? – Non, je . . . . quitte . . . . la ville. **6.** Tu cherches le journal? – Non, je . . . . cherche . . . . le journal. **7.** Vous montrez les photos? – Non, nous . . . . montrons . . . . les photos.

3. **Du darfst widersprechen.Verneine bitte die Sätze:**

1. J'invite des amis. **2.** Ils écoutent la radio. **3.** Elle étudie le français. **4.** Je corrige des fautes. **5.** J'aime la salade. **6.** Vous posez des questions. **7.** Je ferme la fenêtre. **8.** Il arrête le taxi. **9.** Je fume des cigarettes. **10.** Ils arrêtent le taxi. **11.** Tu oublies des mots. **12.** Ils aiment le thé. **13.** Nous regardons les maisons. **14.** Nous apportons des fourchettes. **15.** Elle invite l'amie. **16.** Il montre des photos.

4. **Übersetze:**

1. Wir verlassen die Stadt nicht. **2.** Der Onkel ist nicht da. **3.** Ich habe keinen (!) Bleistift. **4.** Dies sind nicht Pierres Bücher. **5.** Er studiert nicht Deutsch. **6.** Wir sprechen nicht Englisch. **7.** Die Schwester bringt das Buch nicht. **8.** Wir laden die Tante nicht ein. **9.** Ich rauche keine Zigaretten. **10.** Wir trinken nicht gerne Tee. **11.** Sie ißt keine Suppe. **12.** Er bringt keine Gläser. **13.** Er ist nicht in (= à) Paris. **14.** Sie räumen die Sachen nicht auf.

Rechtschreibung

5. **Ergänze die Sätze mit «ami» oder «amie».**

L' . . . . de Pierre apporte le dessert. Elle pose le dessert sur la table.

Qui est-ce? – C'est l' . . . . de Gustave, c'est Jean.

6. **Bandwürmer: Welche Sätze verbergen sich hier? Schreibe sie auf.**
Achtung, du mußt manchmal die fehlenden Apostrophe (Auslasssungszeichen) ergänzen!

GisèleninvitepaslesamiesdeNadine – . . . .

Lhôtelnestpasmal – . . . .

Jenécoutepaslaradio – . . . .

c) Die Frageform (ohne Fragewort)
La forme interrogative

Grammatik

Die **Frageform** kann auf 2 Arten gebildet werden:

1. **durch die Intonation:**
   die Stimmführung wird am Satzende höher: Il quitte la ville?

2. **durch die Hilfskonstruktion est-ce que,**
   die dem Subjekt vorangestellt wird:

   Est-ce que je quitte la ville?
   Est-ce que tu quittes la ville?
   Est-ce qu'il/elle quitte la ville?
   Est-ce que nous quittons la ville?
   Est-ce que vous quittez la ville?
   Est-ce qu'ils/elles quittent la ville?

Anmerkung: 1. Die Frageformen unter 1. und 2. finden sich häufiger in der Umgangsprache.
2. Für die 1. Person Singular wird fast ausschließlich die Frageform mit est-ce que verwendet.

1. Diesmal darfst du neugierig sein.
Bilde Fragesätze mit est-ce que zu den folgenden Aussagesätzen.

1. Tu écoutes la radio. – . . . . ?
2. Vous étudiez le français. – . . . . ?
3. Il corrige les fautes. – . . . . ?
4. Elles arrêtent un taxi. – . . . . ?
5. Vous aimez le thé. – . . . . ?
6. Il ferme la fenêtre. – . . . . ?
7. Vous cherchez un hôtel. – . . . . ?
8. Elle parle allemand. – . . . . ?
9. Ils commencent le travail. – . . . . ?

2. **Auf welche Fragen wird hier wohl geantwortet?**

1. . . . . ? – Oui, elle aime le café. 2. . . . . ? – Oui, il apporte des verres. 3. . . . . ? – Non, ils ne rangent pas les affaires. 4. . . . . ? – Oui, elles cherchent un hôtel. 5. . . . . , ...? – Non, nous n'oublions pas les mots. 6. . . . . ? – Non, vous ne foncez pas.

3. **Übersetze:**

1. Verläßt er das Hotel? **2.** Betrachtet ihr die Fotos? **3.** Lernt sie Deutsch? **4.** Schließt du das Fenster? **5.** Beginnen sie die Arbeit? **6.** Halten wir ein Taxi an? **7.** Trinkst du gern Kaffee? **8.** Lädt er Pierre ein? **9.** Sucht sie die Zeitung? **10.** Korrigieren wir die Fehler?

d) Der Imperativ
L'impératif

Wortschatz

Verben:	monter	hinaufgehen, einsteigen	rester	bleiben
			enfiler	anziehen
	rentrer	nach Hause kommen, heimgehen	garder	behalten, aufbewahren

Grammatik

1. **Der bejahte Imperativ** – L'impératif à la forme affirmative

Parle.	Sprich!
Parlons.	Wir wollen sprechen! Laßt uns sprechen! Sprechen wir doch!
Parlez.	Sprecht! Sprechen Sie!

2. **Der verneinte Imperativ** – L'impératif à la forme négative

Ne parle pas.	Sprich nicht!
Ne parlons pas.	Sprechen wir nicht!
Ne parlez pas.	Sprecht nicht! Sprechen Sie nicht!

FEHLERQUELLEN !

1. **Der Imperativ Singular der Verben auf -er hat in der Schreibung kein s.**
2. **Der Imperativ wird ohne Personalpronomen gebildet.**

1. Bilde den bejahten und verneinten Imperativ der folgenden Wendungen – im Singular und Plural bitte.

1. garder le livre 2. enfiler la veste 3. fermer la fenêtre 4. regarder la photo

2. Jetzt darfst du befehlen! Dafür mußt du nur die folgenden Sätze ergänzen. Das Beispiel zeigt dir, wie.

Beispiel: Pierre ne ferme pas la porte. Mme Colotte: «Ferme la porte, Pierre.»

1. Hélène ne range pas les affaires. Mme Colotte: « . . . . »
2. Pierre n'enfile pas le pull. Mme Colotte: « . . . . »
3. Hélène mange le dessert de Pierre. Mme Colotte: « . . . .
. . . . »
4. Pierre et Hélène ne commencent pas le travail. Mme Colotte: « . . . .
. . . . »

5. Pierre et Hélène n'apportent pas les couverts. Mme Colotte: « . . . .

. . . . »

6. Pierre et Hélène rentrent trop tard (zu spät).Mme Colotte: « . . . .

. . . . »

7. Hélène fume les cigarettes de papa. Mme Colotte: «. . . . .

. . . . »

3. Was sagt Mme Colotte zu Pierre?

a) il tire le chat par la queue **b)** il fume **c)** il tire la langue

Pierre, ne . . . .

. . . .

Pierre, ne . . . .

. . . .

Pierre, ne . . . .

. . . .

4. Übersetze:

1. Komm nach Hause! **2.** Bleiben Sie hier! **3.** Wir wollen nicht hinaufgehen! **4.** Ziehen Sie den Pullover an! **5.** Halten Sie ein Taxi an! **6.** Laßt uns heimgehen! **7.** Steigen Sie ein! **8.** Geh nicht hinauf! **9.** Bringen Sie ein Glas bitte! **10.** Schließ das Fenster! **11.** Wir wollen nicht im (à) Hotel bleiben! **12.** Behalten Sie das Foto! **13.** Laden wir (doch) Peter ein! **14.** Wir wollen auf den Eiffelturm steigen (la tour Eiffel) **15.** Betrachten Sie das Bild!

Rechtschreibung

5. Ergänze die Endungen:

1. Pierre, enfil . . . le pull. **2.** Ne rest . . . pas à la maison, Chantal et Nadine. **3.** Il faut (man muß/wir müssen) rentr . . . **4.** Hélène, gard . . . le souvenir. **5.** Ne mont . . . pas dans le taxi, Dominique.

4 Verben (2)

a) Regelmäßige Verben auf -re
Verbes réguliers en -re

Wortschatz

Häufige Verben auf -re:

attendre	warten	perdre	verlieren
	erwarten	rendre	zurückgeben
descendre	hinuntergehen	vendre	verkaufen
	aussteigen	entendre	(zufällig) hören

1. Beschreibe die Szene. Die Verben aus der Wortliste werden dir dabei helfen.

Dominique. . . . .

Le facteur . . . . une lettre.

La marchande . . . . des bananes.

La dame . . . .

Maman . . . . le bébé.

Grammatik

1. Die Konjugation der -re Verben – *La conjugaison des Verbes en -re*

Bejaht:		Verneint:		Fragend:
je	répond-s	je	ne réponds pas	est-ce que je réponds?
tu	répond-s	tu	ne réponds pas	réponds-tu?
il	répond	il	ne répond pas	répond-il?
elle	répond	elle	ne répond pas	répond-elle?
nous	répond-**ons**	nous	ne répondons pas	répondons-nous?
vous	répond-**ez**	vous	ne répondez pas	répondez-vous?
ils	répond-**ent**	ils	ne répondent pas	répondent-ils?
elles	répond-**ent**	elles	ne répondent pas	répondent-elles?

2. Befehlsform: *Réponds* – Antworte!

Répondons	–	Antworten wir! Wir wollen antworten!
		Laßt uns antworten!
Répondez	–	Antwortet! Antworten Sie!

FEHLERQUELLEN !

Beachte die nicht hörbare Endung -s in der 1. und 2. Person Singular:
J'attends, tu attends, n'attends pas.

2. Und wieder hat jemand seine Sätze nicht zu Ende gebracht. Hilf ihm doch, die Verben zu vervollständigen.

1. J'att .... une amie. **2.** Ent .... -tu la musique? **3.** Desc ...... -il à Strasbourg? **4.** Mme Colotte à Pierre: Ne p ...... pas le livre, Pierre. **5.** V .... -elle des vêtements? **6.** Les touristes desc .... de la tour Eiffel. **7.** Att .... -ils un taxi? **8.** Pierre r .... les livres à Hélène. **9.** V .... -tu la cravate? **10.** Il ne ré .... pas. **11.** Pierre à Hélène: N'att .... pas, Hélène. **12.** Desc .... -vous?

3. Übersetze:

1. Warte! Du verlierst die Postkarten. **2.** Hier ist der Eiffelturm. Wir wollen aussteigen. **3.** Hörst du die Kinder? **4.** Steigen Sie nicht aus! Warten Sie noch (encore) ein wenig! **5.** Erwartest du die Tante? **6.** Er verkauft Brot, Hörnchen und Brötchen. **7.** Verlieren Sie den Mut (courage) nicht! **8.** Sie geben das Geld nicht zurück. **9.** Verliere das Foto nicht! **10.** Sie hört schlecht, sie hört deine (tes) Fragen nicht. **11.** Verkaufen Sie das Bild? **12.** Hört ihr die Schüler? **13.** Unterbrechen Sie die Dame nicht. **14.** Verkauft er viele Bücher? **15.** Steigen Sie in (à) Bordeaux aus?

Rechtschreibung

Die Endung der Verben auf -er im Singular		Die Endung der Verben auf -re im Singular
travaill - er		descend - re
je travaill - e		je descend - s
tu travaill - es		tu descend - s
il travaill - e		il descend
Travaill - e		Descend - s

4. **Ergänze die Endungen falls nötig:**

1. Il écout … la musique. **2.** Ell ven … des livres. **3.** Est-ce que tu rentr … ?

4. Rend … la revue. **5.** Tu ne descen … pas? **6.** J'entend … Pierre. **7.** Ne perd …

pas la carte postale, Michael! **8.** Est-ce qu'il fume … ? **9.** J'écoute … une chanson.

10. Où est-ce qu'elle descend … ? **11.** Elle ne mont … pas dans le taxi.

b) Die Verben auf -ir
Les verbes en -ir

Wortschatz

Im Restaurant – *Au restaurant*

choisir	un hors d'œuvre	eine Vorspeise wählen
(nous choisissons)	un potage	eine (Gemüse-) Suppe wählen
servir	le plat du jour	das Tagesgericht auftragen
(nous servons)	le plat garni	die Platte mit Beilagen
remplir	un verre	ein Glas (wieder) füllen
(nous remplissons)		
réfléchir un moment		einen Augenblick überlegen
(nous réfléchissons)		
grossir parce que		zunehmen (an Gewicht), weil
(nous grossissons)		

une addition	eine Rechnung	la viande	das Fleisch
le rafraîchissement	die Erfrischung	le client	der Gast
le vin	der Wein	le fruit	das Obst
la bière	das Bier	le fromage	der Käse
le garçon	der Ober	la pomme de terre	die Kartoffel
la serveuse	die Bedienung	longtemps	lange
le déssert	die Nachspeise		

1. **Mit den neuen Vokabeln kannst du die folgenden Fragen sicher leicht beantworten:**

1. Wie lautet ein Wort mit gleicher oder ähnlicher Bedeutung zu «la soupe»?
2. Nenne zwei Getränke und zwei Nachspeisen.
3. Wer bedient in einem Restaurant (2 Bezeichnungen)?
4. Was weist ein Vegetarier zurück?

Grammatik

Bei den Verben auf -ir müssen wir zwei Gruppen unterscheiden:

1. Verben mit der Stammerweiterung -iss,
2. Verben ohne Stammerweiterung.

1. Verben auf -ir mit der Stammerweiterung -iss:
(Verbes en -ir avec radical amplifié -iss)

finir – beenden, aufhören

Singular: je finis, tu finis, il finit, elle finit

Plural: nous finissons, vous finissez, ils finissent, elles finissent

Verneinung: je ne finis pas, tu ne finis pas, il ne finit pas, elle ne finit pas, nous ne finissons pas, vous ne finissez pas, ils ne finissent pas, elles ne finissent pas

Frageform: est-ce que je finis?; finis-tu? finit-il? finit-elle? finissons-nous? finissez-vous? finissent-ils? finissent-elles?

Befehlsform: Finis. Finissons. Finissez.

2. Verben auf -ir ohne Stammerweiterung:

dormir – schlafen

Singular: je dors, tu dors, il dort, elle dort

Plural: nous dormons, vous dormez, ils dorment, elles dorment

Verneinung: je ne dors pas, tu ne dors pas, il ne dort pas, elle ne dort pas, nous ne dormons pas, vous ne dormez pas, ils ne dorment pas, elle ne dorment pas

Fragenform: Est-ce que je dors? dors-tu? dort-il? dort-elle? dormons-nous? dormez-vous? dorment-ils? dorment-elles?

Befehlsform: Dors. Dormons. Dormez.

Anmerkung: Bei den Verben auf -ir ohne Stammerweiterung fällt in den Personen des Singulars der letzte Konsonant des Stammes weg: dorm- ir: je dors, tu dors, il dort.

Wichtige Verben dieser Gruppe sind: sentir (fühlen), sortir (ausgehen, heraustreten), servir (dienen, auftragen), partir (abreisen), consentir (einwilligen).

FEHLERQUELLEN

Verwechslung von Verben auf -ir mit und ohne Stammerweiterung:
finir – nous finissons; partir – nous partons.

2. Setze in alle Personen:

1. Je choisis un vin blanc, je n'aime pas la bière. (Tu etc.) **2.** Je finis le travail et je sors.

3. Ergänze die Endungen der Verben:

1. Le garçon ser . . . le vin et rempl . . . . les verres. **2.** Les clients réfléch . . . . . . longtemps. **3.** Nous chois . . . . . . un fromage. **4.** Qu'est-ce que tu choi . . . . comme (als) dessert? **5.** Les garçons ser . . . . les clients. **6.** Elle rempl . . . . la tasse. **7.** Est-ce que vous chois . . . . un fruit? **8.** M. Colotte réflé . . . . un moment. **9.** Nous gross . . . . parce que nous mang . . . . trop. **10.** Est-ce que vous serv . . . . les pommes de terre? **11.** Pierre chois . . . . une bière. **12.** Les serveuses serv . . . . le potage. **13.** Les clients sor . . . . du restaurant et pa . . . . **14.** L'oncle et la tante réfléch . . . . un moment, puis (dann) ils chois . . . . un plat garni. **15.** Vous ne gross . . . . pas parce que vous ne mang . . . . pas trop. **16.** Est-ce que tu dor . . . . ? **17.** Est-ce que vous par . . . . ? – Oui, nous par . . . . maintenant. **18.** La mère aux enfants: «Dor . . . . !» **19.** Le garçon aux clients: «Chois . . . . , messieurs.» **20.** Vous rempl . . . . le verre, s'il vous plaît?

4. **Bejahte und verneinte Befehle – ergänze die Befehlssätze:**

Beispiel: Le petit Jean ne dort pas. – Mme Colotte: «Dors.»

1. Les enfants ne dorment pas. – Mme Colotte: ....
2. La fille sort sans (ohne) manteau (Mantel). – Mme C.:« Ne .... pas sans manteau.»
3. M. Colotte part sans argent. – Mme C.: « Ne .... »
4. Les enfants ne finissent pas le travail. – Mme C.:« .... »
5. Julien et Nathalie ne réfléchissent pas: – Mme C.: «.......................... »
6. Ils dorment trop longtemps. – «.................................. »
7. La fille sert la bière sans verres. – «.................................. »
8. Les amis partent. – «.................................. »
9. Les enfants choisissent des plats garnis très chers. – « ....
.... »

5. **Übersetze:**

1. Was wählen Sie? **2.** Wir schlafen nicht lange. **3.** Der Ober trägt die Vorspeisen auf. **4.** M. Colotte wählt eine blaue Krawatte. **5.** Riechen Sie (mal)! **6.** Reisen Sie nicht ab? **7.** Wir wollen einen Augenblick überlegen!. **8.** Wer bedient die Gäste? Ein Ober oder eine Bedienung? **9.** Wir wollen die Gläser füllen! **10.** Hélène geht mit (avec) Robert aus. **11.** Hier sind einige Erfrischungen. Wählen Sie! **12.** Riechst du den Käse? Er ist sehr gut. **13.** Sie überlegen nicht lange und wählen einen guten Rotwein. **14.** Die Gäste reisen nicht ab, sie bleiben im Hotel. **15.** Du überlegst lange. Was wählst du? **16.** Ich nehme zu, weil ich zu viele Kartoffeln esse. **17.** Geht nicht ohne Regenschirm (le parapluie) aus! **18.** Wählt ihr Käse oder Obst? **19.** Der Ober serviert den Wein und die Gläser auf einem Tablett. **20.** Die Bedienung bringt die Rechnung auf einem Teller. **21.** Füllt die Gläser nicht! Laßt uns abreisen! **22.** Reist er nach (pour) Paris? **23.** Sie ißt viel, aber sie nimmt nicht zu.

Rechtschreibung

6. **Die Schreibung des Nasals [ã] (z. B. tante [tãt])**

1. Vervollständige die Wörter, sie enthalten alle den Laut [ã].

   longt … ; la vi … de; le cli … ; il att … ; le mom … ; les … f … ; les par … ;

2. Welches Verb aus der Wortliste wird in den Pluralformen **vous** und **ils/elles** mit zwei «s», welches mit drei «s» und welches mit vier «s» geschrieben?

3. «a» oder «à»?

   1. Pierre attend … la cathédrale. 2. Papa … la grippe. **3.** Il y … 5 clients … la poste. **4.** Il parle … la dame.

c) Verben auf -er mit Veränderungen im Stamm

Verbes en -er avec changements du radical

Wortschatz

peser	un kilo de poisson une livre	ein Kilo Fisch ein Pfund	abwiegen
épeler	un nom une adresse	einen Namen eine Adresse	buchstabieren
envoyer	un paquet un télégramme	ein Paket ein Telegramm	schicken
peler	une orange une pomme une poire	eine Orange einen Apfel eine Birne	schälen
posséder	une voiture une moto une bicyclette un VTT	ein Auto ein Motorrad ein Fahrrad ein Mountainbike	besitzen
nettoyer	une pièce une chambre	ein Zimmer ein Schlafzimmer	reinigen

1. **Welche Verben aus der Wortliste passen zu den folgenden Substantiven?**
   Une carte postale – une banane – la viande – le nom d'une rue – la salle de bains (= das Badezimmer) – une Citroën [sitroɛ̃n]

Grammatik

Wiederholung: Ein Verb besteht aus Stamm (*le radical*) und Endung (*la terminaison*). z.B. *apporter*: Stamm: apport; Endung:-er.

Betonung: Bei den drei Personen des Singulars und bei der 3. Person Plural ist der Stamm betont:

j'**apport**e; tu apportes; il/elle **apport**e; ils/elles **apport**ent.

Beim Infinitiv und bei der 1. und 2. Person Plural ist die Endung betont:
apport**er**; nous apport**ons**; vous apport**ez**.

Besonderheiten in den Konjugationen:

1. Verben wie lever – aufheben

je lève	[lɛv]	die **stammbetonten** Formen werden mit è geschrieben; die Aussprache ist [ɛ].
tu lèves	[lɛv]	
il/elle lève	[lɛv]	
ils/elles lèvent	[lɛv]	

nous levons	[l(ə)vɔ̃]	Die **endungsbetonten** Formen werden mit e geschrieben; die Aussprache ist [ə], bei schnellem Sprechen: [lvɔ̃]
vous levez	[l(ə)ve]	
Infinitiv: lever	[l(ə)ve]	

ebenso: *mener* – führen; *peser* – wiegen; *acheter* – kaufen; *peler* – schälen; *emmener* – mitnehmen (von Personen).

2. Verben wie appeler (rufen) und jeter (werfen)

j'appelle	je jette	Die **stammbetonten** Formen werden mit **-ll** bzw. **-tt**
tu appelles	tu jettes	geschrieben;
il/elle appelle	il/elle jette	die Aussprache ist [ɛ].
ils/elles appellent	il/elles jettent	
nous appelons	nous jetons	Die **endungsbetonten** Formen werden mit **-l** oder **-t**
vous appelez	vous jetez	geschrieben; die Aussprache ist [apəle] bzw. [aple].
Infinitiv:		
appeler	jeter	

ebenso: *épeler* – buchstabieren; *renouveler* – erneuern; *projeter* – werfen; *feuilleter* – blättern

3. Verben wie répéter – wiederholen

je rép ète tu rép ètes il/elle rép ète ils/elles rép ètent	Die stammbetonten Formen werden mit -è geschrieben; die Aussprache ist [ɛ]
nous rép étons vous rép étez Infinitiv: rép éter	Die endungsbetonten Formen werden mit -é geschrieben; die Aussprache ist [e].

ebenso: *posséder* – besitzen; *compléter* – vervollständigen.

4. Verben wie essayer – versuchen

j'essa i e tu essa i es il/elle essa i e ils/elles essa i ent	Die **stammbetonten** Formen werden mit **-i** geschrieben; die Aussprache ist [esɛ] oder [esej].
nous essa yons vous essa yez Infinitiv: essa yer	Die **endungsbetonten** Formen werden mit **-y** geschrieben; die Aussprache ist [esejɔ̃]

ebenso: *envoyer* – schicken; *nettoyer* – reinigen; *essuyer* – (aus)wischen; *tutoyer* – jemanden mit «du» anreden, duzen.

Anmerkung: Das Verb *payer* – bezahlen kann in den stammbetonten Formen mit -i. oder -y geschrieben werden: *je paye* oder *je paie.*

FEHLERQUELLEN

Die stammbetonten Formen von acheter werden nicht wie Verben mit ähnlichem Stamm (projeter) dekliniert, sondern wie lever:

je projette, aber: j'achète.

2. **Setze die richtige Verbform ein:**

1. emmener:

j' . . . .; vous . . . .;

elles . . . .; tu . . . .;

2. appeler:

elles; tu . . . .; nous . . . .; elle . . . . ;

3. compléter:

nous . . . .; je . . . .; vous . . . . ;

ils . . . .; ils . . . .; il . . . . ;

4. envoyer:

il . . . .; vous . . . .;

elles . . . .; tu . . . .;

3. **Und wieder hat jemand seine Verben nicht zusammengebracht. Vervollständige sie doch bitte.**

1. Elle p . . . . un kilo de pommes. La route (Straße) m . . . . à Bordeaux. Ils emm . . . . les amis. Nous ache . . . . du pain. Il p . . . . la banane.
2. Elle app . . . . Pierre. Mme Colotte feui . . . . le journal. Nous ép . . . . le nom de l'hôtel.
3. Nous compl . . . . les mots. M. Colotte poss . . . . une maison. Poss . . . . -vous une Renault?
4. La femme nett . . . . la pièce. Nous ess . . . . les assiettes.

4. **Wähle aus der Wortliste die passenden Verben aus:**

1. . . . . -vous un télégramme? **2.** Pierre . . . . une poire. **3.** Les femmes . . . . les pièces. **4.** Hélène . . . . l'adresse. **5.** Est-ce qu'il . . . . une lettre? **6.** Est-ce que M. Colotte . . . . une voiture anglaise? **7.** Les vendeurs (Verkäufer) . . . . les fruits. **8.** Nous . . . . une carte postale à oncle Henri. **9.** Nous . . . . la chambre. **10.** Les filles . . . . les oranges.

5. **Ergänze die Antworten:**

1. Est-ce que vous essuyez les verres? – Non, nous . . . . les assiettes. Pierre . . . . les verres.
2. Est-ce que vous envoyez un télégramme? – Non, j'. . . . . une lettre. Pierre et Hélène . . . . un télégramme.
3. Est-ce que vous appelez les amis? – Oui, j' . . . . Robert et Catherine.
4. Qu'est-ce que vous achetez? Des fruits? – Oui, j'a . . . . des oranges et Pierre et Hélène . . . . des poires.
5. Est-ce que vous emmenez Robert à Paris? – Non, nous n' . . . . pas Robert. M. et Mme Colotte . . . . Robert à Paris.

6. **Was machen die Leute auf den Bildern?**

Que fait maman?

Elle ....

Que fait le marchand?

Il ....

Que fait Pierre?

Il ....

Que fait Nadine?

Elle..

7. **Übersetze:**

1. Sie besitzen ein Haus in Marseille. **2.** Buchstabieren sie den Namen der Stadt. **3.** Kaufst du ein Pfund Äpfel, bitte? **4.** Die Kinder blättern in einem Buch. **5.** Er führt die Touristen zur Kathedrale. **6.** Kauft ihr ein Auto? **7.** Der Ober wischt die Gläser nicht aus. **8.** Sie kauft das Buch nicht. **9.** Frau Colotte bezahlt die Rechnung. **10.** Die Kinder schicken den Freunden eine Postkarte. **11.** Sie hebt die Zeitung auf. **12.** Er buchstabiert die Adresse. **13.** Julien nimmt seinen Onkel mit. **14.** Wiederholen Sie das Wort, bitte. **15.** Laßt uns die Rechnung bezahlen. **16.** Rufe Dominique! **17.** Hebe das Buch auf! **18.** Kaufen Sie die Birnen nicht. **19.** Rufen wir (doch) ein Taxi! **20.** Kaufen Sie das Auto? **21.** Kaufen sie das Fahrrad? **22.** Rufe den Ober, bitte.

8. **Setze «e» oder «è» ein.** Rechtschreibung

1. Nous ach … tons une Peugeot. **2.** Enl … ve le pull, Pierre! **3.** La route m … ne à Strasbourg. **4.** Le poisson p … se un kilo. **5.** Est-ce que vous ne p … lez pas la poire? **6.** Rép … tez le mot, s'il vous plaît. **7.** Où est-ce que tu ach … tes le fromage? **8.** Vous emm … nez Nadine au restaurant?

9. **Setze «i» oder «y» ein.**

1. Le garçon netto … e la table. **2.** Pierre est à la poste pour envo … er un télégramme. **3.** Daniel essu … e la tasse. **4.** Est-ce que tu tuto … es la tante? **5.** Les enfants essu … ent les verres. **6.** Les garçons envo … ent des cartes postales aux filles.

10. **Setze einfache oder doppelte Konsonanten ein.**

l oder ll:

1. Jean appe … e la serveuse. **2.** Il faut épe … er le nom.

3. Vous appe … lez le docteur? **4.** Il faut renouve … er le passeport.

t oder tt:

1. Qu'est-ce que tu je … es par la fenêtre? **2.** Pierre achè … te un journal. **3.** Ne je … ez pas de pierres (= Steine) contre la fenêtre. **4.** On proje … e un film avec Belmondo au cinéma.

d) Unregelmäßige Verben

Wortschatz

Feste Wendungen:

faire	attention	aufpassen	faire mal à qn	jdm. wehtun
	le lit	das Bett machen	(Il n'y a)	(Da ist) nichts
	la chambre	das Zimmer in	rien à faire	zu machen.
		Ordnung bringen	Combien ça	Wieviel kostet
	la cuisine	kochen	fait?	es?
dire	la vérité	die Wahrheit	On dit que	Man sagt, daß
		sagen	à vrai dire	in Wahrheit
	des bêtises	Unsinn reden	Dis-moi,	Sag mir,
aller	à pied	zu Fuß gehen	Dites-mois,	Sagen Sie mir,
	en voiture	mit dem Auto	Comment allez-	Wie geht es
		fahren	vous?	Ihnen?
	en France	nach Frankreich	Je vais bien.	Es geht mir gut
		fahren	Ça va?	Wie gehts?
	chercher	holen	(Umgangssprache)	
	à vélo	mit dem Fahrad	Ça va.	Es geht.

faire – machen		**dire** – sagen		**lire** – lesen		**aller** – gehen	
je	**fais**	je	**dis**	je	**lis**	je	**vais**
tu	**fais**	tu	**dis**	tu	**lis**	tu	**vas**
il/elle	**fait**	il/elle	**dit**	il/elle	**lit**	il/elle	**va**
nous	**faisons**	nous	**disons**	nous	**lisons**	nous	**allons**
vous	**faites**	vous	**dites**	vous	**lisez**	vous	**allez**
ils/elles	**font**	ils/elles	**disent**	ils/elles	**lisent**	ils/elles	**vont**
(1) [fəzõ]							

FEHLERQUELLEN !

1. **Achte auf das stimmlose [f] bei fais/font und auf das stimmhafte [v] bei vais/vont!**

2. **Vergleiche die Formen der 2. Personen Plural: vous faites/dites; aber: vous lisez!**

1. **Ergänze die Sätze:**

1. Nathalie se lève, puis elle fait son . . . .

2. Est-ce que vous allez à. . . . . ou en . . . . ?

3. Il faut toujours dire la . . . .

4. . . . . ? – Ça fait 40 francs.

5. Attention! Tu me fais . . . .

6. Qui fait la . . . . aujourd'hui? – C'est Nathalie,

   elle fait une omelette aux champignons.

7. Alain . . . . . en Allemagne.

8. Sandrine est malade, sa mère . . . . le docteur.

9. Est-ce que tu peux réparer le moteur? – Non, ... faire.

2. **Setze die Verbformen ein:**

1. aller:

1. Où . . . . . . -tu? – Je . . . . . en ville. **2.** Où . . . . Pierre et Charles? **3.** Nous . . . . en Italie. **4.** Où . . . . -t-il? **5.** Ça . . . . ? **6.** Est-ce que vous . . . . à pied? **7.** Comment . . . . -tu? **8.** Je . . . . chercher le docteur.

2. faire:

1. Que . . . . -tu? – Je . . . . ma chambre. **2.** Qui . . . . la cuisine? **3.** Combien cela . . . . -il? **4.** Vous . . . . vos lits? **5.** Tu me . . . . mal. **6.** Nous . . . . nos chambres.

3. dire:

1. On . . . . qu'il est malade. **2.** Est-ce que tu . . . . la vérité?

3. Vous . . . . des bêtises. **4.** . . . . -moi, où est votre voiture?

5. Qu'est-ce que vous . . . .? **6.** . . . . -moi, tu as de l'argent?

7. Les enfants ne le . . . . pas.

4. lire:

1. Qu'est-ce que tu . . . .? – Je. . . . . un roman. **2.** Pierre et Marie, qu'est-ce que vous . . . .? – Nous . . . . les journaux. **3.** Ils . . . . un livre français **4.** . . . . -elle la lettre?

3. Übersetze:

1. Wie geht es Ihnen? **2.** Mir geht es sehr gut. **3.** Wer kocht heute? **4.** Sie tun mir weh. **5.** Sagst du die Wahrheit? **6.** Wir gehen nicht zu Fuß, wir fahren mit dem Auto. **7.** Fahrt ihr nach Italien? **8.** Wieviel kostet das? **9.** Man sagt, daß er arm ist. **10.** Passen Sie auf! **11.** Da ist nichts zu machen. **12.** Was macht ihr in der Stadt? **13.** Wann machst du dein Bett? **14.** Ich rede keinen Unsinn. **15.** Sagen Sie mir, wo ist die Kathedrale, bitte? **16.** Die Kinder bringen ihre Zimmer in Ordnung. **17.** Geht er nach Marseille? **18.** Was liest du? **19.** Ihr lest zu wenig. **20.** Paß auf! **21.** Lest diesen Brief. **22.** Geht sie nach Paris? **23.** Er liest eine englische Zeitung. **24.** Was lesen Sie? **25.** Holen Sie den Arzt? **26.** Ich hole ein Glas Wasser.

Rechtschreibung

4. vont oder font?

1. Que . . . . les élèves? Où . . . . -ils?; **2.** Ils . . . . dans leurs chambres et là, ils . . . . leurs devoirs.

5. vais oder fais?

1. Je . . . . dans la cuisine et je. . . . . des sandwiches.
2. Je . . . . ma chambre et après je. . . . . chez mes copains.

6. Fülle die Leerstellen aus, die Wörter aus der Wortliste helfen dir dabei:

_ _ t

_ _ t

_ _ t _ _

_ _ t _ _ _

_ _ t _ _ _ _ _

e) Das Futur composé
Le futur composé

Grammatik

«Futur composé» kannst du mit «zusammengesetzte Zukunft» übersetzen. Sie heißt zusammengesetzt, weil sie aus zwei Formen besteht. Keine Sorge, die kennst du bestimmt beide schon.

Du erinnerst dich an das Verb «aller». Es ist unregelmäßig und wird so konjugiert:

je	**vais**	faire,	commencer,	arriver
tu	**vas**	faire,	commencer,	arriver
il/elle/on	**va**	faire,	commencer,	arriver
nous	**allons**	faire,	commencer,	arriver
vous	**allez**	faire,	commencer,	arriver
ils/elles	**vont**	faire,	commencer,	arriver

Hinter die Form von «aller» stellst du das Verb im Infinitiv und schon bist du in der Zukunft. Fast schon langweilig wirst du vielleicht sagen. Aber es ist tatsächlich so einfach:

Das Futur composé bildest du mit einer Form von «aller» im Präsens und dem Infinitiv des Verbes.

Weil die Verneinung wie bei «aller» gebildet wird, wollen wir sie dir auch gleich zumuten:

je	ne **vais**	pas	**partir**
tu	ne **vas**	pas	**partir**
il/elle/on	ne **va**	pas	
nous	n' **allons**	pas	**Infinitiv, immer**
vous	n' **allez**	pas	**wieder Infinitiv!**
ils/elles	ne **vont**	pas	

Und weil das alles so ein Kinderspiel war, sollst du jetzt endlich wieder drankommen. Hier die erste Übung.

1. An einem Regentag sitzen Daniel und Sandrine zusammen und machen Pläne:

Daniel: Je n'aime pas l'école. Je . . . . la . . . . (quitter). Je ne

. . . . (faire des études).

Sandrine: On. . . . . (aller en vacances – in die Ferien fahren) à la côte méditerranée. On. . . . . (faire du stop – per Anhalter fahren). À Nice (-Nizza) nous. . . . .

. . . . (rendre visite à) mes copains. – Pierre: C'est Super! On

. . . . (envoyer) une carte postale à notre professeur (Lehrer).

Wortschatz

demain	morgen	après-demain	übermorgen
bientôt	bald	à bientôt	bis bald
tout de suite	sofort	dans une semaine	in einer Woche
la semaine	nächste	dans un mois	in einem Monat
prochaine	Woche	dans un an	in einem Jahr

2. Hier sind wieder einige Lücken zu schließen!

1. Ma copine .... (venir) .... (morgen).

2. On .... (écouter) des disques de Patricia Kaas.

3. (Übermorgen) .... elles .... (faire) une fête avec leurs amies. **4.** Dimanche elles .... (rendre visite à) la tante de Sandrine. **5.** Elles ne .... (rentrer) très tôt, parce que elle aime bien les filles. **6.** (In einem Monat)................. Sandrine .... (commencer) à étudier l'allemand au lycée franco-allemand avec sa copine.

3. Übersetze, indem du das Futur composé verwendest:

1. Morgen werde ich nicht arbeiten. **2.** Mein Freund kommt nächste Woche. **3.** Meine Eltern (parents) werden ein Haus in der Bretagne kaufen. **4.** Ich werde dieses Buch nicht lesen. **5.** Daniel reist übermorgen ab. **6.** Sie kommen bald in Paris an. **7.** In einem Monat fahren wir in die Ferien.

5 Das Adjektiv L'adjectif

a) Maskulinum und Femininum des Adjektivs im Singular
L'adjectif qualificatif au masculin singulier et au féminin singulier

Wortschatz

a) Kleidungsstücke – ***Des vêtements***
b) Farben – ***Des couleurs***

a)	le vêtement	1. die Kleidung 2. das Kleidungsstück	la robe la jupe la chaussette	das Kleid der Rock **1.** die Socke 2. der Kniestrumpf
	le pantalon	die Hose		
	un jean	eine Jeans	la veste	die Jacke
	le costume (!)	der Anzug (!)	la chemise	das Hemd
	un T-shirt	ein T-shirt	la cravate	die Krawatte
	le pull	der Pullover	une écharpe	ein langer Schal
	le manteau	der Mantel	les chaussures	die Schuhe
	un imperméable	ein Regenmantel		
	le gant	der Handschuh		

b)	verte, e	grün	blanc, blanche	weiß
	noir, e	schwarz	cher, chère	teuer
	gris, e	grau	bon, bonne	gut
	bleu, e	blau		
	jaune	gelb		
	rouge	rot		

(1)	De quelle couleur est… ?	Welche Farbe hat… ?
(2)	Il/Elle porte…	Er/Sie trägt…
(3)	Est-ce qu'il/elle porte… ?	Trägt er/sie… ?

Grammatik

Die Verben	**avoir**	(haben)	und		**être**	(sein)
j'	**ai**	– ich habe		je	**suis**	– ich bin
tu	**as**	– du hast		tu	**es**	– du bist
il/elle	**a**	– er/sie hat		il/elle	**est**	– er/sie ist
nous	**avons**	– wir haben		nous	**sommes**	– wir sind
vous	**avez**	– ihr habt		vous	**êtes**	– ihr seid
ils/elles	**ont**	– sie haben		ils/elles	**sont**	– sie sind

1. **Fülle die Kästchen waagerecht mit Farbadjektiven aus:**

r				
	r			
		r		
			r	

2. **Mache zwei Spalten a) und b). Schreibe unter a) Kleidungsstücke, die Männer tragen und unter b) Kleidungsstücke, die Frauen tragen. Unterstreiche die, die von beiden getragen werden.**

3. **Setze die passende Form von avoir ein:**

1. Nous ...... un livre. **2.** Elle .... une jupe grise. **3.** Tu ...... une cravate verte. **4.** J' ...... un stylo. **5.** Vous .... des cartes postales. **6.** Ils .... des imperméables. **7.** Les garçons .... des cartables. **8.** Pierre .... un pull bleu. **9.** La fille .... des chaussures rouges. **10.** J' .... une enveloppe.

4. **Setze die passende Form von être ein:**

1. Nous .... à Paris. **2.** L'oncle .... à Marseille. **3.** Il .... dans la papeterie. **4.** Ils ...... à Strasbourg. **5.** Les cahiers .... là **6.** Je .... Allemand. **7.** Vous ...... Français? **8.** Les gants .... rouges. **9.** Tu ...... de Bordeaux?

Grammatik

Adjektive beschreiben Eigenschaften.

Le crayon est vert – Der Bleistift ist grün.
oder: *le crayon vert* – der grüne Bleistift

Bezieht sich ein Adjektiv auf ein weibliches Substantiv, so wird an seine männliche Form eine -e angehängt.

La serviette est verte. – oder: *la serviette verte*

Zur Aussprache:
In der männlichen Form ist der Endkonsonant eines Adjektivs stumm: *vert* [vɛr]

Anmerkungen: **1.** Einige Adjektive enden in der männlichen Form auf -e; *Le verre est rouge* (rot). Diese Adjektive haben die gleiche Form für das Feminimum: *La nappe est rouge.*
2. Einige Adjektive haben unregelmäßige Formen für das Feminimum: *le bol blanc* (= weiß) – *la tasse blanche*.

FEHLERQUELLEN

1. Im Französischen steht das Adjektiv zumeist nach dem Substantiv:

   le crayon vert.

2. Vergleiche die Form des Adjektivs im Deutschen und im Französischen, wenn es in der Satzaussage (prädikativ) steht:

   Die Serviette ist grün. – *La serviette est verte.*

   Im Deutschen wird die Endung des Adjektivs in der Satzaussage nicht an das Geschlecht des Substantivs angeglichen. Im Französischen wird das Adjektiv auch in der Satzaussage an das Geschlecht des Substantivs angeglichen.

3. Einige Adjektive enden mit einem Vokal: *bleu* – blau. Der Unterschied zwischen der männlichen und weiblichen Form dieser Adjektive ist nicht hörbar:

   a) *Le livre est bleu.* [blø]

   b) *La serviette est bleue.* [blø]

   Hier vergißt man leicht bei schriftlichen Arbeiten das -e der weiblichen Adjektivform.

4. Beachte besonders:

   Welche Farbe hat... ? *De quelle couleur est... ?*

5. **Du fragst nach Kleidungsstücken.**
Bilde vier Fragen und Antworten nach folgendem Muster:

a) imperméable: Est-ce qu'il porte *un imperméable?* . . . . ?

gris: Oui, il porte *un imperméable gris* . . . .

Verwende: **1.** pantalon; noir **2.** pull; vert **3.** manteau; jaune **4.** costume – gris -

b) veste: Est-ce qu'elle porte *une veste* . . . . ?

noire: Oui, elle porte *une veste noire* . . . .

Verwende: **1.** robe; verte **2.** écharpe; bleue **3.** jupe; grise **4.** veste; blanche.

6. **Adjektive machen das Leben bunt.**
Im folgenden Text mußt du nachhelfen und die fehlenden Adjektive einsetzen.

1. (cher) Elle porte une veste . . . . ? **2.** (gris) Où est la veste . . . . ?

3. (blanc) Avez-vous une écharpe . . . .? **4.** (bon) C'est un. . . . . . . imperméable.

5. (bleu) Le manteau est . . . . **6.** (noir) De quelle couleur est la jupe? –

La jupe est . . . . **7.** (bleu) Voilà une chemise . . . .

8. (cher) Le costume est . . . . **9.** (noir) Est-ce que tu aimes mon jean . . . . ?

7. **Welches der zwei Substantive paßt in die Lücke? Vergiß den bestimmten Artikel nicht.**

1. pantalon, jupe: . . . . est verte. **2.** veste, gant: . . . . est blanche.

3. chemise, costume: . . . . est noir. **4.** pull, robe: . . . . est cher.

8. **Übersetze:**

1. Welche Farbe hat die Krawatte? – Die Krawatte ist gelb. **2.** Trägt sie einen Mantel? – Ja, einen roten Mantel. **3.** Welche Farbe hat Peters Hemd? Gelb oder (= ou) weiß? **4.** Hélènes Schal ist weiß und Peters Pullover grau. **5.** Hier ist die graue Hose und der schwarze Mantel. **6.** Dies ist ein teures Hemd, es ist weiß und blau. **7.** Er trägt eine schwarze Socke und eine graue Socke. **8.** Trägt er eine Krawatte? – Ja, sie ist grün und gelb. **9.** Welche Farbe hat Herrn Colottes Regemantel? – Der Regenmantel ist gelb.

b) Der Plural des Adjektivs
L'adjectiv qualificatif au pluriel

Wortschatz

Gegesatzpaare – *Antonymes*

grand, e	groß	léger, légère(!)	leicht
petit, e	klein	lourd, e	schwer
long,longue(!)	lang	bon, bonne (!)	gut
court, e	kurz	mauvais, e	schlecht
propre	sauber	étroit, e	eng
sale	schmutzig	large	1. breit 2. weit

Anmerkung: Achte auf die unregelmäßigen Femininformen von long et léger!

(1) Le... est trop (grand, long etc.). – Der... ist zu (groß, lang usw.).
(2) La... est assez (grande, longue etc.). – Die... ist (groß, lang usw.) genug.
(3) La... est très (grande, longue etc.). – Die... ist sehr (groß, lang usw.

Anmerkung: Trop, assez, très sind Adverbien – *Adverbes.* Sie sind immer unveränderlich: une jupe trop longue.

1. Hier hat sich wohl jemand in der Größe vertan! Beschreibe die Kleidungsstücke:

Beispiel: La cravate est trop longue.

1. Alles ist zu lang!

1. La cravate ....
est trop ....
longue ....

2. Alles ist zu eng!

1. ....
....
....

2. ....

....

....

3. ....

....

....

2. ....

....

....

3. ....

....

....

1. Alles ist zu weit!

1. ....

....

....

2. ....

....

....

3. ....

....

....

2. Alles ist zu schmutzig!

1. ....

....

....

2. ....

....

....

3. ....

....

....

2. a) **Welche zwei Adjektive aus der Wortliste haben unregelmäßige Femininum- formen?**
b) **Erinnerst du dich noch an die drei unregelmäßigen Femininumformen aus der Wortliste auf Seite 58?**

Grammatik

Adjektive richten sich im Singular und Plural nach dem Substantiv:
Singular: *le gant noir* – Plural: *les gants noirs*.

Das Mehrzahl -s wird auch dann an das Adjektiv angehängt, wenn es in der Satzaussage (prädikativ) steht.

Vergleiche: Die blauen Mäntel – *les manteaux bleus* – attributiv
Die Mäntel sind blau – *les manteaux sont bleus* – prädikativ

Anmerkung: Adjektive, die im Singular auf -s enden (z.B. gris), erhalten im Plural des Maskulinums kein weiteres -s:

un imperméable gris – des imperméables gris.

Merke:
Das Adjektiv richtet sich im Genus (Maskulinum oder Femininum) und Numerus (Singular oder Plural) immer nach dem Substantiv auf das es sich bezieht.

	Maskulinum	Femininum
Singular	le pantalon est noir	la jupe est noire
Plural	les pantalons sont noirs	les jupes sont noires

FEHLERQUELLEN

1. **Das Plural -s ist zumeist nicht hörbar. Es wird in der Schreibung häufig vergessen.**
2. **Abweichend vom Deutschen richtet sich das Adjektiv auch dann nach dem Substantiv, wenn es in der Satzaussage steht.**
3. **Einige Adjektive wie *super* und *extra* bleiben unverändert**

3. **Vervollständige die Adjektive:**

1. les chemises bleu… **2.** les robes court… **3.** les cravates long…

4. les manteaux long… **5.** les gants jaune… **6.** les chaussettes gris…

7. la veste étroit… **8.** les jupes étroit… **9.** les écharpes vert…

10. les pulls large… **11.** les robes noir…

4. Setze die richtige Form des Adjektivs ein:

1. Les écharpes sont (bleu) . . . . **2.** La robe est (court) . . . . **3.** Les gants sont (blanc) . . . . **4.** Les chemises sont (étroit) . . . . **5.** Les cravates sont (court) . . . . **6.** L'imperméable est trop (long) . . . .

7. Les chaussettes sont (gris) . . . . **8.** Les pulls sont assez (grand) . . . .

9. Les vestes sont trop (petit) . . . . **10.** Les gants sont (sale) . . . .

11. Les robes sont (rouge) . . . . **12.** Les manteaux sont (lourd) . . . .

13. Les jupes sont trop (court) . . . .

5. Gegensatzpaare: Vervollständige bitte die Sätze:

1. Est-ce que la jupe est large? – Non, la jupe est. . . . .
2. Est-ce que la veste est grande? – Non, la veste est . . . .
3. Est-ce que les cravates sont longues? – Non, les cravates sont . . . .
4. Est-ce que les pulls sont petits? – Non les . . . .
5. Est-ce que le manteau est lourd? – Non, ...
6. Est-ce que le costume est long?. . . . .
7. Est-ce que les chaussettes sont propres? – Non, ...

6. Unregelmäßige Adjektive: Vervollständige auch diese Sätze:

1. long: Le manteau est . . . . – La jupe est . . . .
2. léger: Le costume est . . . . – La chemise est . . . .
3. blanc: Le gant est . . . . – La cravate est. . . . .
4. cher: Le pantalon est . . . . – La jupe est . . . .

7. **Welches Adjektiv paßt in die Lücke? Beachte die Endungen!**

1. petit/chers/longues/large: Les vêtements sont trop . . . .
2. bon/courts/blanche/vertes: La robe est . . . .
3. légères/bonne/sale/courts: Les écharpes sont très . . . .
4. verte/larges/long/bleus: L'imperméable est assez. . . . .

8. **Übersetze:**

1. Die Socken sind zu teuer. **2.** Die Pullover sind sehr eng. **3.** Haben Sie leichte Hemden? **4.** Die Handschuhe sind zu teuer. **5.** Wo sind die schmutzigen Pullover? **6.** Hier ist der weiße Schal. **7.** Sind die Röcke lang? **8.** Die Jacken sind sehr groß. **9.** Trägt sie teure Mäntel? **10.** Wo sind die leichten Hemden? **11.** Die Mäntel sind zu schwer. **12.** Haben Sie blaue Krawatten? **13.** Das weiße Hemd ist schmutzig. **14.** Die Kleidungsstücke sind zu teuer. **15.** Er trägt grüne Socken. **16.** Pierres Hose ist zu kurz. **17.** Die Krawatte ist lang genug. **18.** Hélènes Kleider sind sehr weit. **19.** Wo ist die leichte Strickjacke?

Rechtschreibung

9. a, à oder as?

1. Daniel ... une carte postale, mais il n' ... pas de timbre (= Briefmarke). **2.** Il demande ... Nathalie: Tu ... un timbre? **3.** Nathalie: Non, mais je vais (=gehen) ... la poste, j'achète un timbre ... 3,00 Francs et j'envoie la carte postale ... Sandrine. **4.** Daniel: Merci, Nathalie, tu es super.

10. **Ergänze die Sätze mit grand – petite – grises – vert:**

1. Nathalie est . . . .
2. Les chaussettes sont . . . .
3. L'imperméable est . . . .
4. Le garçon est est très . . . .

11. **Kleider und Farben**

1. *bleu:* La cravate de M. Colotte est . . . .
2. *noir:* M. Colotte cherche sa serviette . . . .
3. *vert:* Les pulls de Daniel et Nathalie sont . . . .
4. *rouge:* Florence et Sylvie portent des écharpes. . . . .
5. *jaune:* Eric met souvent (=oft) des cravates . . . .

c) Die Stellung des Adjektivs
La place de l'adjectif

Wortschatz

Möbel – *Les Meubles*

le fauteuil	der Sessel	la chaise	der Stuhl
le placard	der Wandschrank	une armoire	der (Kleider)Schrank
le canapé	das Sofa	la table	der Tisch
le lit	das Bett	une étagère	ein Regal
le tapis	der Teppich		
rond, e	rund	carré, e	viereckig
moderne	modern	haut, e	hoch
confortable	bequem		

1. **Finde die Wörter:**

1. Nenne zwei Möbelstücke, auf denen man sitzen und zwei , auf denen man schlafen kann.
2. Wo kann man Kleider, Bücher und Geschirr aufbewahren?
3. Was ist das Gegenteil von «rond»?
4. Warum ist das Wort «confortable» ein falscher Freund?
5. Was ist wohl ein «sipat nu»?

Grammatik

1. Stellung nach dem Substantiv	2. Stellung vor dem Substantiv
Il porte un chapeau *gris*.	Il porte un *petit* chapeau.
C'est une place *ronde*.	C'est une *grande* place.
C'est un dessert *excellent*.	C'est un *bon* dessert.

1. Die meisten Adjektive stehen nach dem Substantiv, insbesondere lange Adjektive und Adjektive, die eine Nationalität, Form oder Farbe bezeichnen.

2. Einige kurze (einsilbige) Adjektive stehen vor dem Substantiv: *beau, bon, grand, jeune, long, petit, haut.*

3. Einige Adjektive ändern ihre Bedeutung je nachdem, ob sie vor oder nach dem Substantiv stehen:

grand:	une grande dame	–	eine vornehme Dame
	une dame grande	–	eine große Dame (von Gestalt)
cher:	un cher ami	–	ein lieber Freund
	un pantalon cher	–	eine teure Hose
pauvre:	un homme pauvre	–	ein armer Mann
	un pauvre homme	–	ein beklagenswerter (bemitleidenswerter) Mann

FEHLERQUELLEN !

Achte besonders bei kurzen (einsilbigen) Adjektiven auf Bedeutung und Stellung!

2. **Setze das Adjektiv an die richtige Stelle im Satz:**

1. (vert) Je cherche le livre. **2.** (moderne) Ils ont un appartement près du centre de la ville. **3.** (confortable) Il se lève de son fauteuil. **4.** (carrée) Dans cette pièce il y a une table, (rouge) un canapé et (haute) une armoire. **5.** (petite) Où est la fille? **6.** (jeune) L'homme quitte la maison. **7.** (confortables) Les chaises sont dans la salle de séjour. **8.** (bon) C'est un restaurant. **9.** (ronde) La table est très chère. **10.** (jaune) Aimez-vous ce tapis? **11.** (beau) Vous avez un placard. **12.** (haute) Cette armoire est à ses parents. **13.** (confortable) Ce canapé invite à dormir. **14.** (petits) Les lits sont pour les enfants. **15.** (bon) C'est un dessert. **16.** (excellent) C'est un repas. **17.** (intéressante) Pierre raconte une histoire. **18.** (gris) Il porte un imperméable. **19.** (anglaise) Il porte une cravate.

3. **Achte auf die Bedeutung des Adjektivs und setze es an die richtige Stelle:**

1. *pauvre:* Cet homme n'a pas d'argent, c'est un (homme) . . . .

   Mme Leferre est très malade, c'est une (femme) . . . .

2. *chère:* C'est une (robe) . . . . , elle coûte (kostet) 950 francs.

   cher: Mon (ami) . . . . , que fais-tu ce soir?

3. *grand:* Mme Colotte est assez petite, mais son mari est un (homme) . . . .

   Le baron a un château élégant, c'est un (homme) . . . .

4. **Übersetze:**

1. Der französische Wein ist ausgezeichnet. **2.** Wer wohnt in diesem hohen Haus? **3.** Sie kauft einen roten Mantel. **4.** Dieser schöne Teppich ist sehr teuer. **5.** Wo sind die Gläser? In dem kleinen Regal? **6.** Die deutschen Touristen besichtigen die Kathedrale. **7.** Er hat viel Geld, er ist kein armer Junge. **8.** Eure große Wohnung ist nicht teuer. **9.** Eure teure Wohnung ist nicht groß. **10.** Wo ist mein weißes Hemd? **11.** Der kleine Wandschrank gefällt mir. **12.** Haben sie ein schönes Haus? **13.** Dein Regenmantel ist in dem hohen Kleiderschrank. **14.** Die hohen Stühle sind nicht bequem. **15.** Der runde Tisch gefällt mir. **16.** Sie bringt guten Wein und elegante Gläser. **17.** Sie hat keine Eltern, sie ist ein bemitleidenswertes Mädchen.

Rechtschreibung

5. **Welches Adjektiv, das eine Farbe bezeichnet, reimt sich mit**

a) lit, b) armoire, c) étagère?

6. **Ergänze die Endungen:**

a) le canap… b) le musé… c) le lycé… d) le ne… e) le cahi…

7. **Wo steckt der Fehler?**

C'est une chaise comfortable.

8. **Ergänze die Endungen der Adjektive.**

un tapis carr...   une table carr...

un canapé modern...   une étagère modern...

6 Pronomen (1) Les pronoms

a) Die Possessivbegleiter
L'adjectif possessif

Wortschatz

Körperteile – *Les parties du corps*

le corps	der Körper	le nez	die Nase
le cou	der Hals	le visage	das Gesicht
le bras	der Arm	la tête	der Kopf
le pied	der Fuß	une oreille	ein Ohr
le cheveu	das Haar	la bouche	der Mund
un œil [œj]	ein Auge	la (!) dent	der (!) Zahn
(les yeux)		la main	die Hand
blond, e	blond	la jambe	das Bein
rond, e	rund	le docteur	der Arzt
pointu, e	spitz	Montre-moi... !	Zeig mir... !
		avoir mal à...	Schmerzen haben an...

1. **Schreibe zu den Zahlen die richtige französische Bezeichnung.**

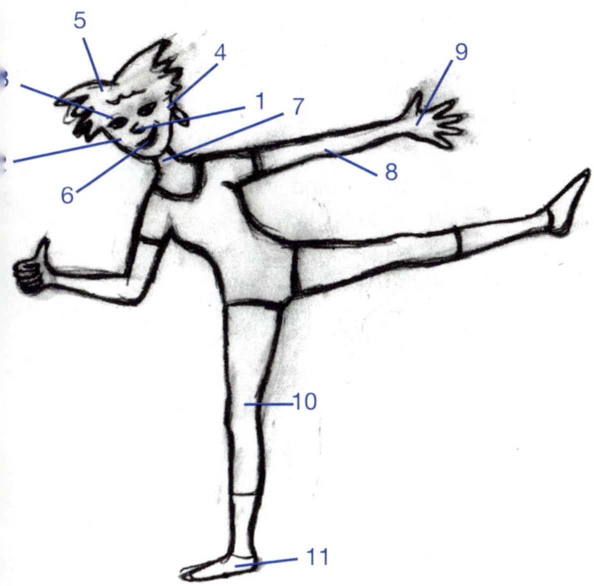

1. ....
2. ....
3. ....
4. ....
5. ....
6. ....
7. ....
8. ....
9. ....
10. ....
11. ....

2. **Bilde Sätze mit mal à la, mal au oder mal aux!**

Beispiel: Eric: J'ai mal à la jambe.

Verwende: cou, tête, pied, dents, main, bras

Grammatik

Die Possessivbegleiter im Überblick

	Mask.Sing. le		Fem.Sing. la		vor Vokal und (H) l'	
je mange	mon	dessert	ma	soupe	mon	orange
tu manges	ton	dessert	ta	soupe	ton	orange
il mange	son	dessert	sa	soupe	son	orange
elle mange	son	dessert	sa	soupe	son	orange
nous mangeons	notre	dessert	notre	soupe	notre	orange
vous mangez	votre	dessert	votre	soupe	votre	orange
ils mangent	leur	dessert	leur	soupe	leur	orange
elles mangent	leur	dessert	leur	soupe	leur	orange

		Mask + Fem. Plural les			
je mange	mes	sandwiches	nous mangeons	nos	sandwiches
tu manges	tes	sandwiches	vous mangez	vos	sandwiches
il mange	ses	sandwiches	ils mangent	leurs	sandwiches
elle mange	ses	sandwiches	elles mangent	leurs	sandwiches

Vor weiblichen Substantiven, die mit Vokal oder stummem h anfangen, steht **mon** anstelle von **ma**: une écharpe – mon écharpe.

2. Verwendung: Der Possessivbegleiter gleicht sich in Genus und Numerus dem Substantiv an, auf das er sich bezieht.

Dies gilt – abweichend vom Deutschen und Englischen – auch für die 3. Person. Vergleiche:

Er sucht seine Schwester.

He is looking for his sister.

Il cherche sa sœur.

Hélène ißt ihren Nachtisch

Helen eats her dessert

Hélène mange son dessert.

FEHLERQUELLEN

1. **ma, ta, sa werden vor weiblichen Substantiven, die mit Vokal oder stummen «h» beginnen, nicht apostrophiert:**

ma	+	adresse	→	mon	adresse
ta	+	adresse	→	ton	adresse
sa	+	adresse	→	son	adresse

2. **In der 3. Person wird der Possessivbegleiter nicht an das Geschlecht des Besitzers, sondern an das Geschlecht des nachfolgenden Substantivs angeglichen: Mme Colotte enfile son manteau.**

3. **Beim Sprechen hört man keinen Unterschied zwischen leur und leurs. Achte beim Schreiben auf Singular- und Pluralform:** ***C'est la famille Colotte avec leur fils Pierre. C'est la famille Legrange avec leurs fils André et Robert.***

3. **Bilde Sätze mit den Possessivbegleitern:**

1. J'ai une bicyclette. . . . . bicyclette est verte. **2.** Nous avons une voiture. . . . . voiture est jaune. **3.** Les enfants ont un chien. (Hund). . . . . chien est petit. **4.** Vous avez une maison? Où est . . . . maison? **5.** Est-ce que vous emmenez . . . enfants à Reims? **6.** Pierre et Robert ne mangent pas . . . . desserts. **7.** Est-ce que tu invites . . . . amis.? **8.** Nous avons deux chambres à l'hôtel. . . . . chambres sont très tranquilles (ruhig). **9.** Hélène envoie un télégramme à . . . . parents. **10.** Epelez . . . . nom, madame. **11.** Les Colotte parlent de . . . . vacances (Ferien, Urlaub). **12.** Elle a un beau costume. . . . . costume est brun. **13.** Il cherche . . . . voiture. **14.** M. Colotte est là, mais où est . . . . femme?

4. **Entscheide dich für einen der Begleiter – den richtigen, wenn möglich.**

1. *ma* oder *mon*: Voilà une photo de . . . . maison et . . . . adresse.

ta oder *ton*: Voilà . . . . lettre et . . . . enveloppe.

sa oder son: Il mange . . . . orange et . . . . banane.

2. leur oder leurs: La famille Colotte a une maison. . . . . maison est belle, ... pièces sont grandes.

Pierre et Hélène restent à la maison. . . . . . . parents sortent. . . . . père va au bureau, ... mère va au marché (Markt)

5. **Übersetze:**

1. Wo sind eure Großeltern? **2.** Unsere Bücher sind nicht da. **3.** Seine Haare sind braun. **4.** Ihre Haare sind blond. **5.** Hier ist Ihr Mantel. **6.** Hier sind eure Mäntel. **7.** Ist das ein Foto von deiner Freundin? **8.** Ist das ein Foto von deinem Haus? **9.** Seine Schwester ist blond. **10.** Wo sind unsere Zimmer? **11.** Eure Freunde sind nicht da.

12. Ihr Gesicht ist rund. **13.** Wir schicken unserem Onkel eine Postkarte. **14.** Er sucht seinen Bleistift. **15.** Ich finde meine Krawatte nicht. **16.** Er betrachtet sein Bild. **17.** Ihr Kleid ist zu lang. **18.** Essen Sie Ihren Nachtisch? **19.** Ist dies Ihr Auto?

Rechtschreibung

6. Ergänze die Endung des Adjektivs, aber nur da, wo est nötig ist.

1. Sandrine a les yeux bleu… , les cheveux blon… et le nez pointu… . **2.** Julien a les cheveux long… et les jambes court… . **3.** Alain a la tête ron… , les dents blanc… et le cou long… .

b) Demonstrativbegleiter
L'adjectif démonstratif

Wortschatz

Ländernamen/Länderadjektive – *Les noms de pays et leurs adjectifs*

l'Allemagne (f)	Deutschland	allemand, -e	deutsch
la France	Frankreich	français, -e	französisch
l'Espagne (f)	Spanien	espagnol, -e	spanisch
la Suisse	Schweiz	suisse	schweizerisch
la Belgique	Belgien	belge	belgisch
l'Angleterre (f)	England	anglais, -e	englisch
l'Italie (f)	Italien	italien, ne	italienisch
la (!) Hollande	Holland	hollandais, -e	holländisch
les Pays-Bas (m)	die Niederlande	néerlandais, -e	niederländisch
l'Amérique (f)	Amerika	américain, -e	amerikanisch
les Etats Unis (m)	Die Vereinigten Staaten		
la Russie	Rußland	russe	russisch
les gens	die Leute		

FEHLERQUELLEN

Länderadjektive werden nur dann groß geschrieben wenn sie sich auf Personen beziehen: *un Anglais* – ein Engländer, aber : *un journal anglais* – eine englische Zeitung.

1. **Ordne die Hauptstadt (la capitale) ihrem Land zu:**

Beispiel: Berlin est la capitale de l'Allemagne.

L'Espagne	Zurich
L'Angleterre	Rome
L'Italie	Amsterdam
Les Etats Unis	Bruxelles
La Suisse	Madrid
La Belgique	Londres
Les Pays-Bas	Washington

2. **Aus welchen Ländern stammen die folgenden Damen und Herren:**

Beispiel: Steffi Graf est une Allemande.

Gianna Nannini – Vincent van Gogh – Wilhelm Tell – Carmen

Grammatik

Form:

Singular	Maskulinum	ce manteau – dieser Mantel cet imperméable – dieser Regenmantel
	Femininum	cette orange – diese Orange
Plural	Maskulinum und Femininum	ces manteaux, ces imperméables, ces bananes, ces oranges

Anmerkung: In der Umgangsprache verwendet man häufig Demonstrativbegleiter + Substantiv + -là (hier, da):

ce garçon-là; cet hôtel-là; ces fruits-là sont chers.

FEHLERQUELLEN

1. In der Aussprache hört man keinen Unterschied zwischen cette (Femininum Singular) und cet (Maskulinum Singular) vor vokalischen oder mit stummen «h» beginnenden Substantiven:

cette [sɛt] *dame* – *cet* [sɛt] imperméable

cet [sɛt] hôtel

2. Achte auf die Apostrophierungen:

ce + est → c'est; ce + ne + est + pas → ce n'est pas.

3. Setze den passenden Demonstrativbegleiter ein:

1. . . . . . vin est bon. **2.** Où sont . . . . . touristes américains? **3.** . . . . . dame est Russe. **4.** Est-ce que vous êtes à . . . . . hôtel? **5.** Mangez . . . . . pomme, elle est bonne. **6.** . . . . . est une voiture italienne. **7.** . . . . . orange est pour Pierre. **8.** . . . . . imperméable est trop cher. **9.** Est-ce que vous aimez . . . . . fromage hollandais? **10.** . . . . . gens-là, ... sont des Espagnols. **11.** Où est . . . . . restaurant? **12.** . . . . . cravates sont jolies.

4. Bilde vier Sätze nach folgendem Muster:

Ce n'est pas un Allemand, c'est un Français.

Français / Belge – Espagnole / Italienne – Anglais / Américain – Suisse / Allemande

5. Übersetze:

1. Diese Italienerin spricht Deutsch. **2.** Die Frau dieses Amerikaners ist Holländerin. **3.** Hier ist die Adresse dieses Spaniers. **4.** Dieser Italiener ist aus Venedig (Venise). **5.** Diese Zimmer sind für die deutschen Touristen. **6.** Dies ist keine französische Zeitung. **7.** Dieses Hotel ist nicht weit von der Stadt entfernt. **8.** Dieses amerikanische Auto ist zu teuer. **9.** Diese russischen Studenten reisen ab. **10.** Mögen Sie diese italienischen Kleider? **11.** Dies ist nicht Pierres Zimmer, dies ist Hélènes Zimmer. **12.** Dieser Deutsche ist aus Berlin.

Rechtschreibung

6. **Groß- oder Kleinschreibung – ergänze:**

1. J'aime le café ...talien. **2.** Les ...elges parlent ...rançais et ...lamand (flämisch) **3.** Il y a beaucoup de touristes dans les Alpes ...uisses. **4.** Ce monsieur-là est un ...nglais? **5.** Les ...méricains visitent les châteaux (le château = das Schloß) ...llemands. **6.** Les ...uisses parlent trois langues: ...rançais, ...llemand et ...talien.

7. **Nicht verwechseln: cet oder cette?**

1. ..... armoire est à Nathalie. **2.** Ne mange pas ..... orange.

3. ..... homme est très grand. **4.** ..... élève est bon en mathémathiques.

5. ..... élève est bonne en allemand. **6.** ..... hôtel n'est pas cher.

8. **Auch ces und ses kann man leicht durcheinanderbringen:**

1. ..... touristes viennent de Belgique. **2.** M. Colotte cherche de l'argent dans ..... poches. **3.** «Sophie, Dominique», Mme Colotte appelle. ..... enfants. **4.** Eric invite ..... amis. **5.** Est-ce que tu vois ..... Italiens-là? **6.** «A qui sont ..... cravates jaunes, à Régis? – «Non, ... cravates ne sont pas jaunes, elles sont peut-être à Eric.

7 Pronomen (2)

a) Fragewörter und Fragesätze
Les mots interrogatifs et les phrases interrogatives.

Wortschatz

Die Wohnung – *L'appartement*

le couloir	der Flur	la pièce	das Zimmer
le rez-de-chaussée	das Erdgeschoß	la chambre	das Schlafzimmer
un (!) étage	ein Stockwerk	la cuisine	die Küche
un escalier	eine Treppe	la salle de bains	das Badezimmer
le balcon	der Balkon	la salle de séjour	das Wohnzimmer
frapper	klopfen	la clé [kle]	der Schlüssel
sonner	klingeln, läuten	entrer	eintreten
		travailler	arbeiten
		habiter	(be)wohnen

Strukturen:

A qui est … ?	Wem gehört… ?	A qui parles-tu?
A quoi sert … ?	Wozu dient… ?	Mit wem sprichst du?

1. Die hervorgehobenen Wörter reimen sich mit einem Wort aus der Wortliste. Finde sie heraus.

1. La **nièce** (= die Nichte) est dans la . . . .
2. Qu'est-ce qu'on peut **voir** dans le. . . . .
3. Maman fait une **tartine** dans la . . . .
4. La salle de classe est au. . . . . du **lycée**.
5. Le **garçon** est sur le . . . .
6. Quand il pleut (= es regnet), nous sommes **toujours** dans la . . . .

. . . .

7. Il se lave les **mains** dans la . . . .

8. C'est le **téléphone** qui . . . .

9. Il ouvre le **musée** avec une grande . . . .

2. Finde die Fragen zu den Antworten:

1. . . . .
   Cette clé sert à ouvrir le (!) garage.

2. . . . .
   Je parle à M. Colotte.

3. . . . .
   Cette Peugeot est à M. Dupont.

Grammatik

1. Frage nach Personen:

a) Frage nach dem Subjekt (Nominativ):

Qui? / Qui est-ce qui?	Wer?	Qui parle? / Qui est-ce qui parle?	Wer spricht?

b) Frage nach dem direkten Objekt (Akkusativ):

Qui? / Qui est-ce que?	Wen?	Qui regardes-tu? / Qui est-ce que tu regardes	Wen betrachtest du?

c) Frage nach dem indirekten Objekt (mit de und à):

A qui? / A qui est-ce que?	Wem?	A qui montres-tu la photo? / A qui est-ce que tu montres la photo?	Wem zeigst du das Foto?
De qui? / De qui est-ce que?	von wem? wem?	De qui parles-tu? / De qui est-ce que tu parles?	Von wem sprichst du?

2. Frage nach Sachen:

a) Frage nach dem Subjekt:

Qu'est-ce qui?	Wer oder was?	Qu'est qui arrive? Un taxi?	Was kommt? Ein Taxi?

b) Frage nach dem direkten Objekt:

Que? Qu'est-ce que?	Wen oder was?	Que regardez-vous? Qu'est-ce que vous regardez?	Was betrachtet ihr?

c) Frage nach dem indirekten Objekt:

A quoi?	Woran?	A quoi penses-tu?	Woran denkst du?
De quoi?	Wovon?	De quoi parles-tu?	Wovon sprichst du?

Anmerkung: Fragen mit *est-ce que* sind in der Umgangssprache häufiger.

FEHLERQUELLEN

1. **Bei Fragen nach dem Subjekt (Personen oder Sachen) steht das Verb immer im Singular:**

   Qui est-ce qui arrive? ***Les garçons? – Oui, ils arrivent.***
   Qui arrive? ***Les Américains? – Oui, ils arrivent.***

2. **Bei Fragen, die mit est-ce que gebildet werden, folgt ein Aussagesatz, da est-ce que bereits die Frage signalisiert:**

   Jean parle de M. Leferre. – De qui est-ce que Jean parle?
   aber: ***De qui parle Jean?***

3. Setze die Fragewörter ein:

1. . . . . frappe à la porte? **2.** . . . . manges-tu? **3.** . . . . sonne? **4.** . . . . . . habite cet appartement? **5.** A. . . . . . . est cette pièce? **6.** A. . . . . . . sert cette clé? **7.** . . . . fait-il? **8.** . . . . lis-tu? **9.** . . . . donnes-tu à ton ami? **10.** . . . . monte l'escalier?

4. **Da wirft jemand mit unverständlichen Wörtern um sich. Du willst sie aber trotzdem verstehen. Wie fragst du danach?**

Beispiel: Alain mange une x. – Que mange Alain? oder: Qu'est-ce qu'Alain mange?

1. Cette Renault est à x. **2.** x est dans la salle de séjour. **3.** Elle prépare le x à la cuisine. **4.** Je donne la clé à x. **5.** Je montre l'appartement à x. **6.** Il possède une x. **7.** Je parle de M. x. **8.** Je pense à la x. **9.** Mme x travaille dans un hôtel. **10.** Il regarde Mlle x. **11.** Elle achète des x. **12.** La clé sert à x. **13.** Elle sort avec M. x. **14.** Je ne trouve pas mon x.

5. **Stelle je eine Frage nach den Satzteilen.**

1. **Les enfants** envoient **une carte postale** à **leur oncle**.
2. **M. Colotte** parle de **son appartement** à **ses amis**.
3. **Jeanne** porte **la robe** de **sa mère**.
4. **Hélène** mange **les sandwiches** de **son frère**.

6. **Übersetze:**

1. Wem gibst du das Buch? **2.** Wozu dient dieses Messer? **3.** An was denkst du? **4.** An wen denkst du? **5.** Wem gehört dieses Haus? **6.** Was eßt ihr? **7.** Wer klingelt? **8.** Wen nimmt er nach Bordeaux mit? **9.** Von wem sprechen Sie? **10.** Wem gehört dieser Schlüssel **11.** Mit wem geht ihr aus? **12.** Wem zeigst du die Wohnung? **13.** Was kauft sie? **14.** Wem gibst du das Geld? **15.** Was schickt ihr euren Freunden? **16.** Was liest du? **17.** Wer ist im Badezimmer? **18.** Was macht er im Flur? **19.** Wozu dienen diese kleinen Gabeln? **20.** Wer wohnt im (au) Ergeschoß?

Rechtschreibung

7. **la oder là**

1. Où est . . . . revue de papa? Elle est . . . .
2. Est-ce que Monique est . . . . ? Oui elle est dans . . . . cuisine.

8. **ou oder où**

Daniel demande à Pascal: **1.** .... est-ce que tu habites?

2. Est-ce que tu habites au deuxième .... au troisième étage?

9. **Ergänze die Verben (Wiederholung):**

Mme Colotte dit à Nathalie:

1.	Ouvr… la porte.	Nathalie ouvr… la porte.
2.	Lav… ton pull-over.	Elle lav… son pull-over.
3.	Pren… une douche.	Elle pren… une douche.
4.	Met… les verres sur la table.	Elle me… les verres sur la table.
5.	Fai… ta chambre.	Elle fai… sa chambre.
6.	Achèt… des poires.	Elle achèt… des poires.

Mme Colotte dit à Daniel:

1.	Ferm… la fenêtre.	Mais Daniel ne ferm… pas la fenêtre.
2.	Vien… ici.	Il ne vien… pas.
3.	Boi… ton thé.	Il ne boi… pas son thé.
4.	Di… , où est Nathalie?	Il ne di… pas où est sa sœur.
5.	Répon… à ma question.	Il ne répon… pas à la question.
6.	Appell… Nathalie.	Il n'appell… pas sa sœur.

Pourquoi? Parce qu'il regarde la télé. Il y a un film policier (= ein Krimi).

b) Fragewörter der Zeit, des Ortes und des Grundes

a) Fragen nach der Zeit:

Quand? Quand est-ce que?	Wann?	Quand arrive ta sœur? Quand est-ce que ta sœur arrive? Wann kommt deine Schwester an?

b) Fragen nach dem Ort:

Où Où est-ce que?	Wo?	Où habitez-vous? Où est-ce que vous habitez? Wo wohnen Sie?

c) Fragen nach dem Grund:

Pourquoi? Pourquoi est-ce que?	Warum?	Pourquoi partez-vous? Pourquoi est-ce que vous partez? Warum reist ihr ab?

1. Forme die Aussagesätze in Fragesätze um:

a) Fragen nach der Zeit mit quand und quand est-ce que:

1. Vous arrivez à Strasbourg. **2.** Tu manges au restaurant. **3.** Ils achètent une voiture. **4.** Elle nettoie sa chambre. **5.** Vous envoyez un paquet à votre ami. **6.** Il emmène Pierre à Paris. **7.** Tu achètes une robe. **8.** Tu finis ton travail. **9.** Vous partez. **10.** Vous êtes à la maison.

b) Fragen nach dem Ort mit où und où est-ce que:

1. Il travaille. **2.** Vous achetez du fromage. **3.** Nous montons. **4.** Tu portes la lettre. **5.** Elle étudie l'allemand. **6.** Il arrête un taxi. **7.** Tu vois un restaurant. **8.** Vous cherchez un appartement. **9.** Ils achètent une maison. **10.** Nous dormons.

c) Fragen nach dem Grund mit pourquoi und pourquoi est-ce que:

1. Il est dans sa chambre. **2.** Tu frappes à la porte. **3.** Vous ne montez pas. **4.** Il ne mange pas sa soupe. **5.** Il porte une cravate. **6.** Vous achetez des timbres. **7.** Vous regardez la photo. **8.** Tu appelles le garçon. **9.** Vous choisissez un costume noir. **10.** Tu fermes la porte du couloir.

2. **Übersetze:**

1. Wo wohnen Sie? **2.** Wann reisen Sie ab? **3.** Warum arbeitet er so (si) lange? **4.** Wo kaufen Sie diesen guten Wein? **5.** Warum liest du dieses Buch? **6.** Wo siehst du einem Bus? **7.** Warum eßt ihr in diesem Restaurant? **8.** Wann kommt dein Onkel an? **9.** Warum ist er krank (malade)? **10.** Warum lernst du Holländisch? **11.** Wann suchst du den Schlüssel? **12.** Warum nehmt ihr Helene mit? **13.** Wann wiederholt ihr die Wörter? **14.** Wo erwartet ihr euren Freund? **15.** Wann geht ihr die Treppe hinunter? **16.** Warum verkaufen Sie Ihr Haus? **17.** Wo kommt er an? **18.** Warum sprichst du nicht Französisch? **19.** Wo klingelst du? **20.** Warum schließt er das Fenster?

Rechtschreibung

3. **il, ils, elle oder elles?**

1. Où est l'album? – . . . . est sur la table.
2. Où est la bière? – . . . . est à la cuisine.
3. Où sont Hélène et Sandrine? – . . . . sont au lycée.
4. Où sont les fruits? – . . . . sont sur le plateau.
5. Où sont Daniel et Pierre? – . . . . sont sur le balcon.
6. Que fait Mme Colotte? – . . . . téléphone à une amie.
7. Que fait le professeur? – . . . . dicte une dictée.
8. Est-ce que les bananes sont dans le sac? Non, ... sont sur la table.

4. Die Schreibung von [e]: ergänze:

1. Hélène boit un th	t	h								
2. Christine est au lyc	l	y	c							
2. Le professeur dit: Ecout	E	c	o	u	t					
4. Où est mon calendr	c	a	l	e	n	d	r			

5. Endungen von Verben, ergänze sie.

1. Dans la cuisine, Pierre boi . . . . . . une tasse de lait.

   Hélène: Ne boi . . . . . . pas le lait, c'est pour le chat (= die Katze).

2. Pierre ouvr . . . . . . une bouteille de limonade.

   Hélène: N'ouvr . . . . . . pas la bouteille, elle est pour maman.

3. Pierre me . . . . . . la bouteille sur une chaise.

   Hélène: Ne la me . . . . . . pas sur la chaise.

4. Pierre fum . . . . . . une cigarette.

   Hélène: Ne fum . . . . . . pas les cigarettes de papa.

5. Pierre di . . . . . . : «Zut alors!» Et il quitt . . . . . . la cuisine.

6. leur oder leurs?

1. Les élèves prennent. . . . . cahiers. **2.** Daniel et Sandrine ont la grippe. Le docteur . . . . donne un médicament. **3.** Les Colotte habitent à Paris. . . . . appartement est beau, ... meubles sont modernes. **4.** Florence est chez Daniel et Sandrine. Elle . . . . montre son album de photos.

8 Pronomen (3)

a) Das Reflexivpronomen
Le pronom réfléchi

Wortschatz

Aufstehen – *se lever*

s'éveiller	aufwachen	la serviette de	das Handtuch
se réveiller	wach werden	toilette	
se laver	sich waschen	la brosse à dents	die Zahnbürste
s'essuyer	sich abtrocknen	de bonne heure	früh
se peigner	sich kämmen	tard	spät
s'habiller	sich anziehen	la glace	der Spiegel
se dépêcher	sich beeilen	l'eau chaude /	das heiße /
se regarder	sich betrachten	froide	das kalte Wasser
se laver (!)	Zähne putzen		
les dents			

1. Ergänze die Sätze:

1. C'est un réveil pour se . . . .

2. C'est un peigne pour se . . . .

3. Voilà une . . . . pour s' . . . .

4. Voilà une . . . . pour se . . . .

5. Voilà une . . . . pour se . . . .

2. Fülle die Lücken:

Alain n'aime pas se lever . . . . , il aime se lever

toujours . . . . Alors, il faut . . . .

Grammatik

Formen:

a)	je	me	lave	nous	nous	lavons	Ich wasche mit
	tu	te	laves	vous	vous	lavez	Du wäschst dich,
	il	se	lave	ils	se	lavent	usw.
	elle	se	lave	elles	se	lavent	

b)	je	m'	appelle	Wenn das nachfolgende Verb mit Vokal oder
	tu	t'	appelles	stummem h beginnt, werden die Reflexiv-
	il	s'	appelle	pronomen apostrophiert:
	elle	s'	appelle	me → m'; te → t'; se → s'

c)	je ne me lave pas	nous ne nous lavons pas
	tu ne te laves pas	vous ne vous lavez pas
	il ne se lave pas	ils ne se lavent pas
	elle ne se lave pas	elles ne se lavent pas.

Bei der Verneinung umschließen *ne ... pas* das Pronomen und das Verb:
Elle ne se lave pas.

FEHLERQUELLEN

Abweichend vom Deutschen steht das Reflexivpronomen vor dem Verb:
***Il se lave* – er wäscht sich;**
***nous ne nous lavons pas* – wir waschen uns nicht;**

3. Hier fehlt das Reflexivpronomen, ergänze es bitte:

1. Ils ne . . . . . éveillent pas. **2.** . . . . . . laves-tu? **3.** Les filles . . . . . . dépêchent.

4. Vous . . . . essuyez avec ma serviette de toilette? **5.** Quand est-ce que tu

. . . . habilles? Je . . . . habille maintenant. **6.** Il est tard, il . . . .

dépêche.

4. **Du darfst wieder „nein“ sagen:**

1. Est-ce qu'elle s'éveille de bonne heure? – Non, elle ne ....

....

2. Est-ce que tu te peignes à la cuisine? – Non, je ne ....

....

3. Est-ce qu'il se regarde dans la glace? – Non, il ne ....

....

4. Est-ce que vous vous habillez pour sortir? – Non, nous ne ....

....

5. Est-ce que les enfants se lavent avec de l'eau chaude? – Non, ils ne ....

....

5. **Bilde verneinte Fragen aus den vorgegebenen Satzteilen:**

Beispiel: Tu te lèves. – *Ne te lèves-tu pas* .... ?

Est-ce que tu ne te lèves pas .... ?

1. Vous vous lavez. **2.** Elles s'habillent. **3.** Tu te peignes. **4.** Ils se dépêchent.
5. Vous vous essuyez.

6. **Übersetze:**

1. Wie heißen Sie? **2.** Wie heißt dieser Herr dort? **3.** Um wieviel Uhr steht ihr auf? **4.** Wäscht du dich mit kaltem Wasser? **5.** Ich wache immer früh auf. **6.** Warum kämmst du dich nicht? **7.** Sie waschen sich nicht mit warmem Wasser **8.** Sie betrachtet sich im Spiegel. **9.** Er ist im Badezimmer, er kämmt sich. **10.** Warum trocknest du dich mit meinem Handtuch ab? **11.** Warum ziehst du dich nicht an? **12.** Er beeilt sich, weil das Wasser kalt ist.

Rechtschreibung

7. e oder è?

Les garçons se l… vent. – Nous ne nous l… vons pas. Je me l… ve à 7 h. –

Vous vous l… vez à quelle heure?

8. i oder y?

Elle s'essu… e le visage. – Essu… ez-vous les mains. – Papa essu… e le bébé.

b) Die indirekten und direkten Objekpronomen der 1. und 2. Person
Les pronoms d'objet direct et indirect

Grammatik

1. Übersicht:

Singular:	1. Person:	mir	**me**	indir. Objektpronomen (Wem?)
		mich		dir. Objektpronomen (Wen?)
	2. Person:	dir	**te**	indir. Objektpronomen (Wem?)
		dich		dir. Objektpronomen (Wen?)
Plural:	1. Person	uns	**nous**	
	2. Person	euch	**vous**	

2. Beispiele:

Er gibt mir das Buch.	*Il me donne le livre.*
Er sucht mich.	*Il me cherche.*
Er zeigt dir den Brief.	*Il te montre la lettre.*
Er liebt dich.	*Il t'aime.*
Er bedient uns.	*Il nous sert.*
Er bringt euch den Wein.	*Il vous apporte le vin.*

3. Anmerkungen:

1. Im Singular der 1. und 2. Person hat das Französische – abweichend vom Deutschen – nur je ein Objektpronomen: *me*, *te*.
2. Verneinung: *Il ne me donne pas le livre.*

4. Zusammenfassung:
1. und 2. Person der Reflexiv- und Objektpronomen:

		Reflexivpronomen	Objektpronomen
Singular	1. Person	Je me lave.	Il me cherche.
	2. Person	Tu te laves.	Il te cherche.
Plural	1. Person	Nous nous lavons.	Il nous cherche.
	2. Person	Vous vous lavez.	Il vous cherche.

1. **Setze das fehlende Objektpronomen ein:**

1. Nous sommes au restaurant. Le garçon . . . . apporte le menu. **2.** Où êtes vous? Je . . . . cherche. **3.** Tu as faim? Je . . . . apporte quelque chose à manger. **4.** Au téléphone: Allô, Jean, je . . . . invite ce soir.

2. **Verneine folgende Sätze:**

1. Il vous attend à la porte. **2.** Elle m'envoie une carte postale. **3.** Elle nous montre ses photos. **4.** Le monsieur vous regarde. **5.** Il t'aime. **6.** Il me demande.

3. **Bilde Fragesätze (ohne est-ce que):**

1. Tu me donnes l'argent. **2.** Elle vous attend à l'hôtel. **3.** Vous nous envoyez les photos. **4.** Tu nous invites cet après-midi. **5.** Vous me cherchez. **6.** Vous nous apportez le thé.

4. **Übersetze:**

1. Er zeigt uns seine Bilder. **2.** Um wieviel Uhr erwartest du uns? **3.** Er lädt dich ein. **4.** Er korrigiert mich nicht. **5.** Warum verlassen Sie uns? **6.** Bringst du mir die Zeitungen? **7.** Ich suche dich (schon) den ganzen Tag. **8.** Wir laden euch zu (pour) einer Tasse Kaffee ein. **9.** Hört ihr uns? **10.** Warum wartest du nicht auf uns? **11.** Ich bringe euch heißen Tee. **12.** Zeigt ihr uns das Haus? **13.** Gibst du mir das Buch? **14.** Er erwartet dich vor (devant) dem Haus.

c) Die direkten und indirekten Objektpronomen der **3.** Person
Les pronoms d'objet direct et indirect

Wortschatz

Eine Stadt besichtigen – *Visiter une ville*

la bâtiment	das Gebäude	la cathédrale	die Kathedrale
le musée	das Museum	une église	eine Kirche
le souvenir	das Andenken	la place	der Platz
le plan de la ville	der Stadtplan	la rue	die Straße
le guide	1. Der Fremden-	le boulevard	die Prachtstraße
	führer	la tour	der Turm
	2. Der Reise-	la maison	das Haus
	führer (das Buch)	la diapositive	das Dia
		le sac (à main)	die Handtasche
		un agent de police	ein Polizist

admirer	bewundern	répondre à qn	jdm. antworten
trouver	finden	parler à qn	mit jdm. sprechen
		demander à qn	jdn (!) fragen
		laisser à	jdm. überlassen
		expliquer à	jdm. erklären.

1. **Nenne vier große Gebäude in einer Stadt (mit Artikel)**

. . . .

2. **Was brauchst du, ...**

...um dich über eine Stadt zu informieren, ...

...in einer Stadt eine Straße zu finden? . . . .

Wen könntest du um Auskunft bitten? . . . .

3. **Du kannst die Bahnhofstraße (rue de la Gare) nicht finden. Wie drückst du es auf französisch aus? Sag' deinem Freund, daß du diesen Platz bewunderst.**

Grammatik

1. Das direkte Objektpronomen:

Vorbemerkung: In der Mehrzahl der Fälle kannst du das direkte Objekt erkennen, wenn du die Frage „wen oder was" stellst:

Ich suche ihn. ⟷ Wen?

a) Singular

maskulin	feminin
Je cherche **le garçon.**	Je cherche **la fille.**
↓	↓
Je **le** cherche.	Je **la** cherche.

b) Plural

maskulin	feminin
Je cherche **les garçons.**	Je cherche **les filles.**
↓	↓
Je **les** cherche.	Je **les** cherche.

2. Das indirekte Objektpronomen:

Vorbemerkung: Das indirekte Objektpronomen erkennst du zumeist, wenn du die Frage „wem oder was" stellst:

Ich zeige ihm das Haus. ⟷ Wem?

a) Singular

maskulin	feminin
Je montre la maison **au garçon.**	Je montre la maison à **la fille.**
↓	↓
Je **lui** montre la maison.	Je **lui** montre la maison.

b) Plural

maskulin	feminin
Je montre la maisons **aux garçons.**	Je montre la maison **aux filles.**
↓	↓
Je **leur** montre la maison.	Je **leur** montre la maison.

3. **Zusammenfassung:** Die 3. Person des direkten und indirekten Objektpronomens:

		Direktes Objektpronomen	Indirektes Objektpronomen
Singular	maskulin feminim	Je **le** regarde. Je **la** regarde.	Je **lui** montre la photo.
Plural	maskulin feminim	Je **les** regarde	Je **leur** montre la photo.

FEHLERQUELLEN

Achte auf die unterschiedliche Schreibung von leur – leurs:
***Je leur donne de l'argent.* (Indirektes Objektpronomen: ihnen)**
***Je regarde leurs photos.* (Possessivbegleiter: ihre)**

4. Die indirekten Objektpronomen (3. Person)

a) Ersetze die hervorgehobenen Satzteile durch ein indirektes Objektpronomen:

1. Le guide montre l'église **aux touristes.** **2.** Jean laisse le plan de la ville **à son ami.** **3.** L'agent de police répond **à la dame.** **4.** Il envoie un souvenir **à ses parents.** **5.** Il montre la tour **à Hélène.** **6.** Est-ce qu'il demande **à l'agent de police**? **7.** Le guide répond **aux garçons.** **8.** Il donne les diapositives **à sa femme.** **9.** Elle parle **au guide.** **10.** Il montre la cathédrale **aux étudiants.**

b) Ergänze die Sätze mit einem indirekten Objektpronomen:

1. Les touristes admirent l'église. Le guide . . . . explique tout.
2. Hélène n'a pas de guide. Jean . . . . laisse son guide.
3. Robert pose une question à une dame. Elle . . . . répond.
4. Jean ne trouve pas son argent. Nicole . . . . donne 20 francs.
5. Les garçons cherchent le musée. Un agent de police . . . . montre le chemin.
6. Les touristes anglais ne parlent pas français. Le guide . . . . parle en anglais.

c) Übersetze:

1. Was erklärt er ihm? **2.** Er antwortet ihr nicht. **3.** Der Polizist spricht mit ihnen. **4.** Zeigt ihr ihm die Kathedrale? **5.** Der Polizist gibt ihr ihre Handtasche. **6.** Ich frage ihn. **7.** Wir schicken ihnen die Dias. **8.** Sie überläßt ihm seinen Führer. **9.** Er zeigt ihr die Straße. **10.** Der Führer antwortet ihnen.

5. Die direkten Objektpronomen (3. Person)

a) Ersetze die hervorgehobenen Satzteile durch ein direktes Objektpronomen:

1. Ils admirent **la place.** **2.** Elle regarde **les bâtiments.** **3.** Je ne trouve pas **la maison.** **4.** Ils regardent **les diapositives.** **5.** Les touristes attendent le guide. **6.** Il envoie **les photos** à son ami. **7.** Est-ce que vous aimez **cette photo**? **8.** Il n'achète pas **le souvenir.** **9.** Tu ne trouves pas **la place** sur le plan de la ville? **10.** Vous cherchez **votre sac à main**?

b) Ergänze die Sätze mit einem direkten Objektpronomen:

1. Ils cherchent le musée, mais ils ne . . . . trouvent pas.

2. Elle admire cette place, elle . . . . aime beaucoup.

3. Ce bâtiment-là est très interessant, les touristes . . . . regardent longtemps.

4. Le guide montre la tour de la cathédrale. Jean et Robert . . . . admirent.

5. Hélène n'est pas là. Pierre . . . . appelle.

6. Le sac à main est lourd. Nicole . . . . donne à Robert.

c) Übersetze:

1. Die Studenten suchen den Platz. Sie suchen ihn auf dem Stadtplan, aber sie finden ihn nicht. **2.** Hélène bringt belegte Brote, sie trägt sie in ihrer Tasche. **3.** Die Dias sind teuer, Robert kauft sie nicht. **4.** Die Kirche ist sehr klein, du findest sie nicht ohne Stadtplan. **5.** Das Gebäude ist sehr schön, die Touristen betrachten es lange. **6.** Jeannette hat deinen Reiseführer, sie trägt ihn in ihrer Tasche. **7.** Der Führer ist noch nicht da, sie warten auf ihn vor der Kirche. **8.** Gefallen dir diese Andenken? Kaufst du sie? **9.** Die belegten Brote sind gut. Warum ißt du sie nicht? **10.** Wo sind die Türme? Ich sehe sie nicht.

6. Direkte oder indirekte Objektpronomen (3. Person):

a) Ersetze die hervorgehobenen Satzteile durch das passende Objektpronomen:

1. Pourquoi n'invitez-vous pas **vos amis**? **2.** Que montres-tu **à ton ami**? **3.** Nous n'attendons pas **d'amis.** **4.** Est-ce qu'ils demandent **cette question** à papa? **5.** Mangez-vous **les pommes**? **6.** Ecoutent-ils la **musique**? **7.** Il explique le problème **aux élèves.** **8.** Pierre envoie une carte postale **à ses parents.** **9.** Il laisse **le chocolat** à la jeune fille. **10.** Il laisse le chocolat **à la jeune fille.** **11.** Il ne donne **pas l'argent** à sa sœur. **12.** Il ne donne pas l'argent **à sa sœur**. **13.** Ils visitent **le musée et la cathédrale**. **14.** Pourquoi ne répondez-vous pas **à l'agent de police**? **15.** Ils montrent **les photos** à leurs parents. **16.** Ils montrent les photos **à leurs parents**. **17.** Je ne trouve pas **mes gants**. **18.** Ils parlent **aux jeunes filles**.

b) Vervollständige die verneinten Antworten.
Verwende die passenden Objektpronomen:

1. Tu manges **ton dessert**? – Non, ...
2. Tu parles **à ton père**? – Non, ...
3. Tu lis **le journal**? – Non, ...
4. Tu regardes **les photos**? – Non, ...
5. Tu montres les photos **à Pierre**? – Non, ...
   . . . . les photos.
6. Tu donnes l'argent **à Hélène**? – Non, ...
   . . . . l'argent.
7. Tu envoies une lettre **à ton oncle**? – Non, ...
   . . . . de lettre.
8. Tu écoutes **la radio**? – Non, ...
9. Vous donnez les livres **à Henriette**? – Non, ...
   . . . . les livres.
10. Vous apportez **les diapositives**? Non, ...
    . . . .
11. Vous aimez **cette ville**? – Non, ...

12. Vous demandez **à l'agent de police**? – Non . . . .

. . . .

13. Vous parlez **à vos amis**? – Non, ...

14. Vous attendez **Pierre et Marie**? Non, ... , ...

. . . .

15. Vous avez **la lettre**? Non, ...

Rechtschreibung

7. leur oder leurs?

1. Les touristes cherchent . . . . chambres. L'hôtelier . . . . montre . . . . chambres.
2. Les touristes posent beaucoup de questions au guide. Le guide répond à toutes . . . . questions.
3. Comment s'appellent . . . . fils et . . . . deux filles? Daniel, Sandrine et Nathalie.

8. la oder l'a?

M. Colotte ne trouve pas sa clé (Schlüssel). Il ne. . . . . pas dans sa poche. Il. . . . . cherche dans tout l'appartement.

Wörterliste
FRANZÖSISCH – DEUTSCH

A

à, à la, au; aux	an, zu, bei
acheter	kaufen
l'addition f	die Rechnung
admirer	bewundern
l'adresse f	die Adresse
les affaires f	die Sachen
l'âge m	das Alter
l'agent de police m	der Polizist
aimer	mögen, gern haben
l'Allemagne f	Deutschland
allemand, e	deutsch
aller	gehen
- à pied	zu Fuß gehen
- chercher	holen
- en France	nach Frankreich fahren
- en voiture	mit dem Auto fahren
Allô	Hallo (am Telefon)
Ça va?	Wie geht's?
Comment allez-vous?	Wie geht es Ihnen?
américain	amerikanisch
l'Amérique f	Amerika
l'ami m	Freund
l'amie f	Freundin
l'an m	das Jahr
anglais, e	englisch
l'Angleterre f	England
l'animal m	das Tier
l'année f	das Jahr
l'anniversaire m	der Geburtstag
appeler	rufen
apporter	bringen
l'après-midi m/f	der Nachmittag
l'armoire f	der Schrank
arrêter	anhalten
l'artisan m	der Handwerker
assez	genug
l'assiette f	der Teller
l'atelier m	die Werkstatt
attendre	warten, erwarten
aujourd'hui	heute
avec	mit
avoir	haben
- mal à	schmerzen haben an
Avez-vous... ?	Haben Sie... ?

B

le bal, les bals	der Ball
le balcon	der Balkon
le ballon	der Ball
le bateau	das Boot
le bâtiment	das Gebäude
beaucoup de	viel
le beurre	die Butter
la bicyclette	das Fahrrad
bien	gut
bien sur	sicher! Na klar!
bientôt	bald
la bière	das Bier
le bijou	das Schmuckstück
blanc, blanche	weiß
bleu,e	blau
blond, e	blond
il boit, inf. boire	er trinkt
le bol	die Schale die Tasse
bon, bonne	gut
de bonne heure	früh
Bonne chance	Viel Glück!
Bonjour	Guten Tag
la bouche	der Mund
la bouteille	die Flasche
le bras	der Arm

C

le café	der Kaffee
le café au lait	der Milchkaffee
le cahier	das Heft
le calendrier	der Kalender
le canal,	der Kanal
la cantine	die Kantine
le canapé	das Sofa
la capitale	die Hauptstadt
carré, e	viereckig
la carrière	die Laufbahn
le cartable	die Schultasche
la carte postale	die Postkarte
la casserole	der Kochtopf
la cathédrale	die Kathedrale
ce, cet, cette, ces	dieser, diese, dieses; diese
ce...-là	jener... (da)

la chaise	der Stuhl
la chambre	der Schlafzimmer
changer	wechseln, umsteigen
le chapeau	der Hut
le château	der Schloß
chaud	warm
la chaussette	die Socke
la chemise	das Hemd
cher, chère	teuer
chercher	suchen
aller chercher	holen
le cheval	das Pferd
le cheveu	das Haar
le chien	der Hund
choisir	wählen
la cigarette	die Zigarette
le cinéma	das Kino
la clé	der Schlüssel
le client	der Gast
commencer	beginnen
compléter	vervollständigen
la confiture	die Marmelade
confortable	bequem
consentir	einwilligen
content, e	zufrieden
le corps	der Körper
corriger	verbessern
le costume	der Anzug
la côte	die Küste
la côte méditerranée	die Mittelmeerküste
le cou	der Hals
la couleur	die Farbe
De quelle couleur est… ?	Welche Farbe hat… ?
le couloir	der Flur
le courage	der Mut
court, e	kurz
le couteau	das Messer
le couvert	das Gedeck
la cravate	die Krawatte
le crayon	das Bleistift
le croissant	das Hörnchen
la cuiller	der Löffel
la cuisine	die Küche

D

la dame	die Dame
dans	in
dans une semaine	in einer Woche
de, de la, du; des	von, der, des, der
demander à qn	jdn. fragen
la dent	der Zahn
se dépêcher	sich beeilen
descendre	hinuntergehen aussteigen
le dessert	der Nachtisch
le détail	die Einzelheit
devant	vor
la diapositive	das Dia
dire	sagen
~ des bêtises	Unsinn reden
~ la vérité	die Wahrheit sagen
à vrai dire	in Wahrheit
Dis-moi…	Sag-mir… !
Dites-moi…	Sagen sie mir… !
On dit que ..	Man sagt, daß…
le docteur	der Arzt
dormir	schlafen
la durée	die Dauer
durer	dauern

E

l'eau, les eaux f	das Wasser
l'eau chaude	das warme Wasser
l'eau froide	das kalte Wasser
l'eau minérale	das Mineralwasser
l'écharpe f	der Schal
écouter	hören
l'église f	die Kirche
l'élève m/f	der Schüler die Schülerin
emmener	mitnehmen
l'emploi m	die Stellung
l'employé m	der Angestellte
l'employeur m	der Arbeitgeber
encore	noch
l'enfant m/f	das Kind
enfiler	anziehen
entendre	hören
entrer	eintreten
l'enveloppe f	der Briefumschlag
envoyer	schicken
épeler	buchstabieren
l'escalier m	die Treppe
l'Espagne f	Spanien
espagnol, e	spanisch
essayer	versuchen
essuyer	(aus)wischen

s'essuyer	sich abtrocknen
l'étage m	das Stockwerk
l'étagère f	das Regal
les Etats-Unis m	die Vereinigten Staaten
être	sein
~ content de	zufrieden sein mit
~ loin de	weit entfernt sein von
~ près de	nahe bei... sein
C'est...	Dies ist...
Ce sont...	Dies sind...
Est-ce... ?	Ist dies... ?
Qu'est-ce que c'est	Was ist das?
A qui est... ?	Wem gehört... .?
C'est tout.	Das ist alles.
De quelle couleur est... ?	Welche Farbe hat... ?
étroit, e	eng
l'étudiant m	der Student
l'étudiante f	die Studentin
étudier	studieren
s'éveiller	aufwachen
excellent, e	ausgezeichnet
expliquer à qn	jdm erklären

F

facile	leicht
faire	machen
~ attention	aufpassen
~ la cuisine	kochen
~ mal à qn	jdm weh tun
Combien cela fait-il?	Wieviel kostet das?
Que fait... ?	Was macht... ?
Rien à faire	Nichts zu machen
la faute	der Fehler
le fauteuil	der Sessel
la femme	die Frau
la fenêtre	das Fenster
fermer	schließen
fermé, e	geschlossen
le festival	das Festival
la fête	die Feier
feuilleter	blättern
le feu, les feux	das Feuer
la fille	die Tochter das Mädchen
le fils	der Sohn
finir	beenden, aufhören
foncer	schnell fahren
le fou, les fous	der Narr
fou, folle	verrückt
la fourchette	die Gabel
français, e	französisch
la France	Frankreich
frapper	klopfen
froid, e	kalt
le fromage	der Käse
le fruit	das Obst
fumer	rauchen

G

le gant	der Handschuh
le garage	die Garage
le garçon	der Junge
garder	behalten, aufbewahren
le gâteau	der Kuchen
le genou	das Knie
les gens m	die Leute
la glace	der Spiegel
la gomme	der Radiergummi
grand, e	groß
la grand-mère	die Großmutter
le grand-père	der Großvater
gris, e	grau
grossir	zunehmen
le guide	der Fremdenführer der Reiseführer

H

s'habiller	sich anziehen
habiter	(be)wohnen
haut, e	hoch
l'heure f	die Stunde
de bonne heure	früh
hollandais	holländisch
la Hollande	Holland
l'homme	der Mann
l'hôtel	das Hotel

I

une idée	eine Idee
l'imperméable	der Regenmantel
interrompre	unterbrechen
inviter	einladen
l'Italie	Italien
italien, italienne	italienisch

J

la jambe	das Bein
jaune	gelb
jeter	werfen
le jeu, les jeux	das Spiel
jeune	jung
jouer	spielen
le jour	der Tag
le journal	die Zeitung
la journée	der Tag
la jupe	der Rock

K

le kilo	das Kilo

L

là	da, dort
laisser à qn	jdm überlassen
le lait	die Milch
lancer	werfen
large	breit, weit
se laver	sich waschen
léger, légère	leicht
leur, leurs	ihre
lever	aufheben
se lever	aufstehen
la limonade	die Limonade
lire	lesen
le lit	das Bett
la livre	das Pfund
le livre	das Buch
loin	weit
long, longue	lang
longtemps	lange
lourd, e	schwer

M

ma, mon; mes	mein, meine; meine
madame…	Frau…
mademoiselle	Fräulein…
la main	die Hand
maintenant	jetzt
mais	aber
la maison	das Haus
mal	schlecht
malade	krank
manger	essen
le manteau	der Mantel
le marché	der Markt
le matin	der Morgen
la matinée	der Vormittag
mener	führen
la mère	die Mutter
le métal	das Metall
le miel	der Honig
la minute	die Minute
moderne	modern
le mois	der Monat
le moment	der Augenblick
le monsieur	der Herr
monter	hinaufsteigen einsteigen
montrer	zeigen
le mot	das Wort
la moto	das Motorrad
le musée	das Museum
la musique	die Musik

N

la nappe	die Tischdecke
le Néerland	die Niederlande
néerlandais	niederländisch
ne… pas	nicht
nettoyer	reinigen
le neveu	der Neffe
le nez	die Nase
noir, e	schwarz
le nom de pays	der Ländername
notre; nos	unser, unsere, unsere
la nuit	die Nacht
le numéro	die Nummer

O

l'occupation	die Beschäftigung
l'œil m	das Auge
les yeux	die Augen
l'œuf m	das Ei
l'oncle m	der Onkel
l'orange f	die Orange
l'oreille f	das Ohr
ou	oder
où	wo
oublier	vergessen

P

le pain	das Brot
le petit pain	das Brötchen
le pantalon	die Hose

la papeterie	das Schreibwarengeschäft
le paquet	das Paket
par exemple	zum Beispiel
parce que	weil
les parents	die Eltern
parler	sprechen
parler à qn	mit jdm sprechen
parler de	sprechen von
la partie	der Teil
partir	abreisen
pauvre	arm, beklagenswert
payer	zahlen
se peigner	sich kämmen
peler	schälen
perdre	verlieren
le père	der Vater
peser	wiegen
petit, e	klein
peu de	wenig
la photo	das Foto
la pièce	das Zimmer
le pied	der Fuß
à pied	zu Fuß
le placard	der Wandschrank
la place	der Platz, die Stellung
le plan de la ville	der Stadtplan
le plateau	das Tablett
pointu, e	spitz
la poire	die Birne
la pomme	der Apfel
la pomme de terre	die Kartoffel
la porte	die Tür
le porte-monnaie	die Geldbörse
porter	tragen
poser une question	eine Frage stellen
posséder	besitzen
le pot	der Topf
pour	als, nach, zu
pourquoi?	warum?
prendre qc	etw. nehmen
~ une photo	ein Foto machen
près de	Nahe bei
la profession	der Beruf
projeter	werfen
prononcer	aussprechen
propre	sauber
puis	dann
le pull	der Pullover

Q

quand?	wann?
qui?	wer?, wen?
qui est-ce qui?	
à qui?	wem?
de qui?	von wem?
qu'est-ce que?	was?
la question	die Frage
quitter	verlassen
à quoi?	woran?
de quoi?	wovon?

R

la radio	das Radio
le rafraîchissement	die Erfrischung
ranger	aufräumen
se raser	sich rasieren
réfléchir	überlegen
regarder	betrachten
remplir	(wieder)füllen
rendre	zurückgeben
renouveler	erneuern
rentrer	nach Hause kommen, heimgehen
répéter	wiederholen
répondre	antworten
répondre à qn	jdm antworten
rester	bleiben
rêver de	träumen von
la revue	die Illustrierte
le rez-de-chaussée	das Erdgeschoß
la robe	das Kleid
rond, e	rund
rouge	rot
la route	die Straße
la rue	die Straße
russe	russisch
la Russie	Rußland

S

sa, son; ses	sein, seine, ihr ihre, seine, ihre
le sac (à main)	die Handtasche
la salade	der Salat
sale	schmutzig
la salle de bains	das Badezimmer
la salle de séjour	das Wohnzimmer
le sandwich	das belegte Brot
sans	ohne

la seconde	die Sekunde
la semaine	die Woche
sentir	fühlen
la serveuse	die Bedienung
la serviette	die Aktentasche die Serviette
~ de toilette	das Badetuch
servir	dienen, auftragen
A quoi sert?	Wozu dient?
si	so
s'il vous plaît	bitte
le soir	der Abend
la soirée	der Abend
sonner	klingeln, läuten
sortir	ausgehen, heraus- treten
la soucoupe	die Untertasse
la soupe	die Suppe
sous	unten
souvent	oft
le souvenir	das Andenken
le stylo	der Füller
le sucre	der Zucker
sur	auf, über
surtout	vor allem, besonders

T

la table	der Tisch
ta, ton; tes	dein, deine, deine
le tableau	das Bild
la tante	die Tante
le tapis	der Teppich
tard	spät
la tartine	die Brotscheibe
la tasse	die Tasse
le taxi	das Taxi
le télégramme	das Telegramm
le téléphone	das Telefon
le temps	die Zeit
la tête	der Kopf
le thé	der Tee
le thé au citron	Tee mit Zitrone
le timbre-poste	die Briefmarke
tôt	früh
la tour	der Turm
la tour Eiffel	der Eiffelturm
le touriste	der Tourist
tranquille	ruhig
le travail	die Arbeit
travailler	arbeiten
très	sehr
trop de	zu viel
trop peu de	zu wenig
trouver	finden
tutoyer	duzen

U

l'usine f	die Fabrik

V

les vacances f	die Ferien der Urlaub
le vendeur	der Verkäufer
vendre	verkaufen
le verre	das Glas
vert, e	grün
la veste	die Strickjacke
le vêtement	die Kleidung, das Kleidungsstück
la viande	das Fleisch
la ville	die Stadt
le vin	der Wein
le visage	das Gesicht
vite	schnell
Voilà…	Hier ist…
voisin	der Nachbar
voisine	die Nachbarin
la voiture	der Wagen das Auto
votre; vos	Ihr, Ihre, euer, eure

W

le wagon-lit	der Schlafwagen
le week-end	das Wochenende

Wörterliste
DEUTSCH – FRANZÖSISCH

A

der Abend	le soir la soirée
aber	mais
abreisen	partir
sich abtrocknen	s'essuyer
die Adresse	l'adresse
die Aktentasche	la serviette
als	pour
Amerika	l'Amérique f
amerikanisch	américain, e
an	à
das Andenken	le souvenir
der Angestellte	l'employé m
antworten	répondre
jdm antworten	répondre à qn
anziehen	enfiler
sich anziehen	s'habiller
der Anzug	le costume
der Apfel	la pomme
die Arbeit	le travail
arbeiten	travailler
der Arbeiter	l'ouvrier m
die Arbeiterin	l'ouvrière f
der Arbeitgeber	l'employeur m
der Arm	le bras
arm	pauvre
der Arzt	le docteur
aufbewahren	garder
aufheben	lever
aufhören	finir
aufpassen	faire attention
aufräumen	ranger
aufstehen	se lever
auftragen	servir
aufwachen	s'éveiller
das Auge	l'œil, les yeux m
der Augenblick	le moment
ausgehen	sortir
ausgezeichnet	excellent, e
aussprechen	prononcer
(aus)wischen	essuyer
das Auto	l'auto f, la voiture

B

das Badetuch	la serviette de toilette
das Badezimmer	la salle de bains
der Balkon	le balcon
der Ball	le bal, les bals
der Ball	le ballon
die Bedienung	la serveuse
sich beeilen	se dépêcher
beenden	finir
beginnen	commencer
behalten	garder
bei	à
das Bein	la jambe
beklagenswert	pauvre
bequem	confortable
der Beruf	la profession
die Beschäftigung	l'occupation
besichtigen	visiter
besitzen	posséder
betrachten	regarder
sich betrachten	se regarder
das Bett	le lit
(be)wohnen	habiter
bewundern	admirer
(be)zahlen	payer
das Bier	la bière
das Bild	le tableau
die Birne	la poire
bitte	s'il vous plaît
blättern	feuilleter
blau	bleu, e
bleiben	rester
der Bleistift	le crayon
blond	blond, e
das Boot	le bateau
breit	large
die Briefmarke	le timbre
der Briefumschlag	l'enveloppe f
bringen	apporter
Bring!	Apporte…
Bringen Sie!	Apportez…
das Brot	le pain
das belegte Brot	le sandwich
das Brötchen	le petit pain
die Brotscheibe	la tartine
das Buch	le livre
buchstabieren	épeler
die Butter	le beurre

D

die Dame	la dame
dann	puis
die Dauer	la durée
dauern	durer
dein, deine, deine	ton, ta; tes
der, des; der	de, de la, du; des
deutsch	allemand, e
deutsch sprechen	parler allemand
Deutschland	l'Allemagne f
das Dia	la diapositive
dienen	servir
dieser, dieses diese; diese	ce, cet, cette; ces
duzen	tutoyer

E

das Ei	l'œuf m
der Eiffelturm	la tour Eiffel
einladen	inviter
einsteigen	monter
eintreten	entrer
einwilligen	consentir
die Einzelheit	le détail
eng	étroit, e
England	l'Angleterre f
englisch	anglais, e
englisch sprechen	parler anglais
das Erdgeschoß	le rez-de-chaussée
die Erfrischung	le rafraîchissement
jdm erklären	expliquer à qn
erneuern	renouveler
(er)warten	attendre
essen	manger

F

die Fabrik	l'usine f
mit dem Auto fahren	aller en voiture
nach Frankreich	aller en France
schnell fahren	foncer
das Fahrrad	la bicyclette
die Farbe	la couleur
Welche Farbe hat… ?	De quelle couleur est… ?
die Fassade	la façade
der Fehler	la faute
das Fenster	la fenêtre
die Ferien	les vacances
das Festival	le festival, les festivals
das Feuer	le feu
finden	trouver
die Flasche	la bouteille
das Fleisch	la viande
der Flur	le couloir
das Foto	la photo
die Frage	la question
eine Frage stellen	poser une question
jdn fragen	demander à qn
Frankreich	la France
französisch	français, e
französisch sprechen	parler français
Frau…	madame, mesdames
die Frau	la femme
Fräulein…	mademoiselle
der Fremdenführer	le guide
der Freund	l'ami
die Freundin	l'amie
früh	de bonne heure
fühlen	sentir
führen	mener
(wieder)füllen	remplir
der Füller	le stylo
der Fuß	le pied
zu Fuß	à pied

G

die Gabel	la fourchette
der Gast	le client
das Gebäude	le bâtiment
das Gedeck	le couvert
gehen	aller
Wie geht's?	Ça va?
Wie geht es Ihnen?	Comment allez-vous?
Es geht mir gut.	Je vais bien.
zu Fuß gehen	aller à pied
Wem gehört… ?	A qui est… ?
gelb	jaune
die Geldbörse	le porte-monnaie
genug	assez
gern haben	aimer
das Gesicht	le visage
das Glas	le verre
grau	gris, e
groß	grand, e

die Großmutter	la grand-mère
der Großvater	le grand-père
grün	vert, e
gut	bien
	bon, bonne

H

das Haar	le cheveu
haben	avoir
Haben Sie… ?	Avez-vous… ?
Schmerzen haben	avoir mal à
der Hals	le cou
die Hand	la main
der Handschuh	le gant
die Handtasche	le sac (à main)
der Handwerker	l'artisan m
das Haus	la maison
das Heft	le cahier
heimgehen	rentrer
das Hemd	la chemise
heraustreten	sortir
der Herr	le monsieur
Hier ist…	Voilà…
hinaufsteigen	monter
hinuntergehen	descendre
hoch	haut, e
hören	écouter
	entendre
das Hörnchen	le croissant
holen	aller chercher
Holland	la Hollande
holländisch	hollandais, e
der Honig	le miel
die Hose	le pantalon
das Hotel	l'hôtel m
der Hund	le chien
der Hut	le chapeau

I

das Ideal	l'idéal, m
ihr, ihre; ihre	son, sa; ses
	leur, leurs
Ihr, Ihre; Ihre	votre, vos
die Illustrierte	la revue
Italien	l'Italie f
italienisch	italien, italienne

J

das Jahr	l'an m,
	l'année f
jener, -e, -es…(da)	ce…-là
jetzt	maintenant
jung	jeune
der Junge	le garçon

K

sich kämmen	se peigner
der Käse	le fromage
der Kaffee	le café
kalt	froid, e
der Karneval	le carnaval
die Kartoffel	la pomme de terre
die Kathedrale	la cathédrale
kaufen	acheter
der Kieselstein	le caillou
das Kilo	le kilo
das Kind	l'enfant m/f
die Kirche	l'église f
das Kleid	la robe
die Kleidung	le vêtement
das Kleidungsstück	le vêtement
klein	petit, e
klingeln	sonner
klopfen	frapper
das Knie	le genou
kochen	faire la cuisine
der Kochtopf	la casserole
der Körper	le corps
der Kohl	le chou
der Kopf	la tête
der Korkenzieher	le tire-bouchon
krank	malade
die Krawatte	la cravate
der Kuchen	le gâteau
die Küche	la cuisine
kurz	court, e

L

lang	long, longue
lange	longtemps
läuten	sonner
leer	vide
leicht	léger, légère
lesen	lire
Liest du?	Lis-tu?
Lesen Sie	Lisez-vous?
die Leute	les gens m

Wörterliste Deutsch – Französisch

die Limonade	la limonade
das Loch	le trou
der Löffel	la cuiller

M

machen	faire
Nichts zu machen	Rien à faire
Was macht… ?	Que fait… ?
das Mädchen	la fille
der Mann	l'homme
der Mantel	le manteau
der Markt	le marché
die Marmelade	la confiture
mein, meine; meine	mon, ma; mes
das Messer	le couteau
das Metall	le métal
die Milch	le lait
der Milchkaffee	le café au lait
die Minute	la minute
mit	avec
mitnehmen	emmener
modern	moderne
der Morgen	le matin
das Motorrad	la moto
der Mund	la bouche
das Museum	le musée
der Mut	le courage
die Mutter	la mère

N

nach Hause kommen	rentrer
der Nachmittag	l'après-midi m/f
die Nacht	la nuit
der Nachtisch	le dessert
nahe bei	près de
der Narr	le fou, les fous
die Nase	le nez
der Neffe	le neveu
nicht	ne… pas
die Niederlande	le Néerland
niederländisch	néerlandais, e
er nimmt	il prend
Nehmen Sie?	Prenez-vous?
noch	encore

O

das Obst	le fruit
oder	ou
ohne	sans
das Ohr	l'oreille f
der Onkel	l'oncle m
die Orange	l'orange f

P

das Paket	le paquet
das Pferd	le cheval
das Pfund	la livre
der Platz	la place
der Polizist	l'agent de police
die Postkarte	la carte postale
der Pullover	le pull

R

der Radiergummi	la gomme
das Radio	la radio
rauchen	fumer
die Rechnung	l'addition f
das Regal	l'étagère f
der Regenmantel	l'imperméable m
der Reifen	le pneu
reinigen	nettoyer
der Reiseführer	le guide
der Rock	la jupe
rot	rouge
rufen	appeler
ruhig	tranquille
rund	rond, e
russisch	russe
Rußland	la Russie

S

die Sachen	les affaires
sagen	dire
Sag mir!	Dis-moi!
Sagen Sie mir!	Dites-moi!
Man sagt, daß…	On dit que…
die Wahrheit sagen	dire la vérité
der Salat	la salade
sauber	propre
schälen	peler
der Schal	l'écharpe
die Schale	la tasse, le bol
schicken	envoyer
der Schlafwagen	le wagon-lit
schlecht	mal
schließen	fermer
geschlossen	fermé, e
das Schloß	le château
das Schmuckstück	le bijou

schmutzig	sale
der Schrank	l'armoire f
das Schreibwarengeschäft	la papeterie
der Schüler	l'élève m
die Schülerin	l'élève f
schwanken	chanceler
schwarz	noir, e
schwer	lourd, e
sehr	très
sein, seine; seine	son, sa; ses
sein (Verb)	être
Dies ist…	C'est…
Dies sind…	Ce sont…
Ist dies… ?	Est-ce… ?
Was ist das?	Qu'est-ce que c'est?
Das ist alles	C'est tout
nahe bei sein	être près de
weit entfernt sein von	être loin de
zufrieden sein mit	être content de
die Sekunde	la seconde
die Serviette	la serviette
der Sessel	le fauteuil
Siehst du?	Vois-tu?
Sehen Sie	Voyez-vous?
so	si
die Socke	la chaussette
das Sofa	le canapé
der Sohn	le fils
spät	tard
Spanien	l'Espagne f
spanisch	espagnol, e
der Spiegel	la glace
das Spiel	le jeu
das Spielzeug	le joujou
spitz	pointu, e
sprechen	parler
sprechen von	parler de
mit jdm sprechen	parler à qn
Sprich!	Parle
Sprechen Sie!	Parlez
die Stadt	la ville
der Stadtplan	le plan de la ville
die Stellung	l'emploi, la place
das Stockwerk	l'étage m

die Straße	la route, la rue
die Strickjacke	la veste
der Student	l'étudiant m
die Studentin	l'étudiante f
studieren	étudier
der Stuhl	la chaise
die Stunde	l'heure
suchen	chercher
die Suppe	la soupe

T

das Tablett	le plateau
der Tag	le jour la journée
die Tante	la tante
der Tanz	le bal
die Tasse	la tasse le bol
das Taxi	le taxi
ein Taxi anhalten	arrêter un taxi
der Tee	le thé
Tee mit Zitrone	le thé au citron
der Teil	la partie
das Telefon	le téléphone
das Telegramm	le télégramme
der Teller	l'assiette f
der Teppich	le tapis
teuer	cher, chère
das Tier	l'animal m
der Tisch	la table
die Tischdecke	la nappe
die Tochter	la fille
der Topf	le pot
der Tourist	le touriste
tragen	porter
träumen von	rêver de
die Treppe	l'escalier m
er trinkt	il boit
die Tür	la porte
der Turm	la tour

U

jdm überlassen	laisser à qn
überlegen	réfléchir
und	et
unser, unsere; unsere	notre; nos
Unsinn reden	dire des bêtises
unterbrechen	interrompre

die Untertasse	la soucoupe
der Urlaub	les vacances
die Ferien	

V

der Vater	le père
Venedig	Venise f
verbessern	corriger
die Vereinigten Staaten	les Etats-Unis m
vergessen	oublier
verkaufen	vendre
der Verkäufer	le vendeur
verlassen	quitter
verlieren	perdre
versuchen	essayer
vervollständigen	compléter
viel	beaucoup de
viereckig	carré, e
von	de
von wem?	de qui?
vor	devant
der Vormittag	la matinée

W

wählen	choisir
der Wagen	l'auto f
in Wahrheit	à vrai dire
der Wandschrank	le placard
wann?	quand?
warm	chaud, e
warum?	pourquoi?
Was?	Qu'est-ce que?
das Wasser	l'eau
das kalte Wasser	l'eau froide
das warme Wasser	l'eau chaude
sich waschen	se laver
jdm weh tun	faire mal à qn
weil	parce que
der Wein	le vin
weiß	blanc, blanche
weit	large loin
wenig	peu de
wem?	à qui?
wer, wen?	qui, qui est-ce qui?
werfen	jeter, lancer projeter
die Werkstatt	l'atelier m
wiederholen	répéter
wiegen	peser
Wieviel kostet es?	Combien cela fait-il?
Wo?	Où?
die Woche	la semaine
das Wohnzimmer	la salle de séjour
der Wolkenkratzer	le gratte-ciel, les gratte-ciel
woran?	à quoi?
das Wort	le mot
wovon	de quoi?
Wozu dient… ?	A quoi sert… ?

Z

der Zahn	la dent
zeigen	montrer
Zeig mir!	Montre moi
die Zeit	le temps
die Zeitung	le journal
die Zigarette	la cigarette
das Zimmer	la pièce
der Zucker	le sucre
zufrieden	content, e
zunehmen	grossir
zurückgeben	rendre
zu viel	trop de
zu wenig	trop peu de

Lösungen

1 a) Der unbestimmte Artikel im Singular (S. 5-8)

1. Vokabelkentnisse
1. un stylo, un crayon **2.** un livre, un journal, une revue **3.** une carte postale **4.** une papeterie **5.** un cahier.

2. Setze un oder une ein:
1. un **2.** un **3.** une **4.** une **5.** Une **6.** un **7.** Une **8.** un **9.** une **10.** une

3. Übersetze
1. Voilà une revue. **2.** Une carte postale, s'il vous plaît. **3.** Est-ce un cahier? **4.** Qu'est-ce que c'est? Une enveloppe? **5.** Avez-vous un calendrier? **6.** Voilà une papeterie. **7.** Avez-vous un crayon? **8.** Est-ce un journal? **9.** Voilà une enveloppe. **10.** C'est une serviette. **11.** Qu'est-ce que c'est? Un stylo? **12.**... Avez-vous une carte postale?
13. Est-ce que tu as un cartable?

4. Zeichnungen

1.	a) une lettre,	b) une carte postale,	c) un livre
2.	a) un calendrier,	b) un stylo	c) une revue
3.	a) un journal,	b) un crayon,	c) une serviette.

5. Ergänze die fehlenden Buchstaben:
s t y l o; c r a y o n , c a l e n d r i e r; c a h i e r

6. Fehlende Apostrophe und Bindestriche
Qu'est-ce que c'est? Est-ce Pierre? – S'il vous plaît.

7. Kreuzworträtsel:
gomme – journal – enveloppe

1 b) Der bestimmte Artikel im Singular (S. 8-12)

1. Die Antworten findest du im Wortfeld auf S. 8

2. Ergänze
1. ... la mère **2.** ... l'oncle **3.** ... le fils **4.** ... l'homme

3. l'homme = der Mensch, der Mann
la fille = das Mädchen, die Tochter

4. un enfant, une enfant; un élève, une élève

5. Setze le, la oder l' ein
1. la **2.** le **3.** l' **4.** la **5.** la **6.** l' **7.** la, l' **8.** la **9.** l'

1 Die Artikel im Singular

6. Stelle jemandem die Verwandten des Herrn Colotte vor.
1. Voilà Hélène. C'est la fille de M. Colotte. **2.** Voilà Mme Leferre. C'est la mère de M. Colotte. **3.** Voilà M. Forger. C'est l'oncle de M. Colotte. **4.** Voilà Mme Forger. C'est la tante de M. Colotte.

7. Übersetze:
1. Où est l'enfant? **2.** Est-ce la mère de Pierre? **3.** Que fait la femme? **4.** Voilà la grand-mère de Pierre. **5.** Qui est la fille de M. Colotte? **6.** Que fait l'oncle de Michel? **7.** C'est l'étudiant de Paris. **8.** Est-ce le garçon? **9.** Où est la fille? **10.** Qui est la tante d'Hélène? **11.** Où est l'étudiant? **12.** Que fait l'élève? **13.** Que fait l'élève?

8. Setze ein:
Qui est-ce? – C'est H. la sœur … – … dans … – Où est …? – Voilà … – Merci …

9. Ergänze die fehlenden Zeichen
L'élève – la grand-mère – l'homme; le garçon

10. 1. Qui est le frère de Marie?
2. Où est la femme de M. Colotte?
3. Que fait le grand-père dans la papeterie?

11. Kreuzworträtsel
M, garçon, fils, femme, fille; **– Marseille**

2 a) Das Substantiv und die Artikel im Plural (S. 13-17)

1. **Sur la table il y a** 1. des serviettes; 2. des verres; 3. des couteaux; 4. des fourchettes; 5. des cuillers (des cuillères); 6. des bouteilles; 7. des assiettes

2. Was sagen Sie?
Hélène, apporte une casserole, s'il te plaît.
Où est la casserole?
La casserole est sur la table dans la cuisine.

3. Bei einer französischen Familie zu Gast:
C'est très bien – Oui, un peu, s'il vous plaît. – Non, merci.

4. Setze die Wörter in den Plural:
1. les verres **2.** des bols **3.** les tasses **4.** des serviettes **5.** des pots **6.** des cuillers **7.** des couverts **8.** les plateaux **9.** des couteaux **10.** des assiettes.

5. Setze die Sätze in den Plural:
1. Apportez des verres, s'il vous plaît. **2.** Voilà les couteaux. **3.** Avez-vous des serviettes? **4.** Où sont les assiettes? **5.** Les bols sont là. **6.** Les plateaux sont ici. **7.** Les bouteilles sont sur les tables. **8.** Les fourchettes sont ici. **9.** Voilà des casseroles. **10.** Les couteaux sont sur les plateaux.

6. Plural Endung -x
le couteau - les couteaux
le plateau - les plateaux

7. Übersetze:
1. Voilà des fourchettes. **2.** Les assiettes sont sur la table. **3.** Où sont les bouteilles? **4.** Avez-vous des serviettes? **5.** Apporte des cuillers, s'il te plaît. **6.** Où sont les cuillers? **7.** Les couteaux sont là **8.** Les soucoupes sont ici. **9.** Les tasses sont sur le plateau. **10.** Ces sont des casseroles. **11.** Avez-vous des plateaux? **12.** Ces sont des nappes. **13.** Apportez une bouteille et des verres, s'il vous plaît!

8. Reimwörter
le plateau – le pot – le bol – le verre

9. Apporte … soucoupes … – … assiettes … plateau – cuiller … casserole.

10. Kreuzworträtsel
pot, fourchette, femme, calendrier, les, assiettes, **– pommes frites**

2 b) der Teilungsartikel (S. 18-21)

1. Antworte mit dem richtigen französischen Wort:
1. le sucre. **2.** le miel, la confiture **3.** le croissant **4.** un œuf **5.** le beurre **6.** trop de **7.** trop peu de

2. Setze den Teilungsartikel ein:
1. du, de la, des **2.** du, du, des, du **3.** du, du, des, des **4.** de, de, de **5.** de, de **6.** des, des, d' **7.** de, de **8.** des, de **9.** du, de **10.** des, du, de la, de

3. Verneine die Sätze:
1. Elle ne boit pas de thé. **2.** La fille n'apporte pas de tasses de café. **3.** Pierre ne prend pas de croissants. **4.** Ce ne sont pas des petits pains. **5.** Ce n'est pas du beurre. **6.** Nous ne mangeons pas de confiture. **7.** Ce n'est pas du sucre. **8.** Nous n'avons pas de sucre. **9.** Ce ne sont pas des sandwiches.

4. Bilde Fragen und Antworten:
1. Avez-vous du pain? – Non, nous n'avons pas de pain.
2. Avez-vous du beurre? – Non, nous n'avons pas de beurre.
3. Avez vous des œufs? – Non, nous n'avons pas d' œufs.
4. Avez-vous des tartines? – Non, nous n'avons pas de tartines.
5. Avez-vous des sandwiches? – Non, nous n'avons pas de sandwiches.
6. Avez-vous du thé au citron? – Non, nous n'avons pas de thé au citron.
7. Avez-vous de la confiture? – Non, nous n'avons pas de confiture.

5. Übersetze:
1. Il prend du lait, mais il ne prend pas de sucre. **2.** Tu manges trop de beurre. **3.** Nous avons beaucoup de croissants, mais peu de petits pains. **4.** Qu'est-ce que c'est? De la confiture? **5.** Nous avons trop peu de thé. **6.** Ce n'est pas du café au lait. **7.** Elle boit du thé au citron et mange des sandwiches. **8.** Apportez des œufs, s'il vous plaît. **9.** Ce ne

sont pas des petits pains. **10.** Voilà du sucre, du lait et du café. **11.** Apportez de la confiture, s'il vous plaît. **12.** Elle prend beaucoup de sucre. **13.** Un verre de thé, s'il vous plaît. **14.** Tu manges trop peu de pain.

6. Bezeichnungen zu den Abb.
du sucre – des petits pains – de la confiture – des croissants.

7. Kreuzworträtsel:
lait, miel, pain, œuf, café, croissant; **– confiture**

2 c) Die Präpositionen «de» und «à» beim Substantiv (S. 22-25)

1. Beantworte die Fragen:
1. loin de – près de **2.** rêver de **3.** «parler de» heißt von etwas sprechen oder von jemandem sprechen; «parler à» heißt mit jemandem sprechen **4.** rentrer = zurückkommen, rendre = zurückgeben **5.** … à … **6.** rester

2. Setze de, de l', du, de la oder des ein:
1. … de … **2.** … des … **3.** … de la … **3.** … de l' … **5.** … des … **6.** … de l' … **7.** … des …? **8.** … du … **9.** … de la … **10.** … du … **11.** … de la … **12.** … de … **13.** … du … **14.** … du … **15.** … de la … **16.** … des … **17.** … du … de …?

3. Setze à, à l', au, à la oder aux ein:
1. aux enfants. **2.** à la fille. **3.** au restaurant. **4.** à Marseille? **5.** à l'oncle. **6.** aux amis. **7.** au professeur. **8.** aux étudiants. **9.** à la maison? **10.** aux touristes. **11.** à la papeterie. **12.** à la tante. **13.** à l'école. **14.** au professeur. **15.** au lait. **16.** à l'ami.

4. Übersetze:
1. Les fenêtres de la maison sont fermées. **2.** Elle rentre de la ville. **3.** Il montre le tableau aux touristes. **4.** Donnez-vous l'argent à la fille? **5.** L'hôtel est loin de la ville. **6.** Etes-vous contents du dessert? **7.** Vas-tu à Paris? **8.** Nous parlons de l'amie de Pierre. **9.** Il parle à Pierre. **10.** Il parle allemand aux touristes. **11.** Est-ce que c'est le livre du garçon? **12.** Elle ne va pas à l'école. **13.** Nous téléphonons de Paris.- **14.** Il va au travail.

5. au oder aux?
1. … aux … **2.** … au … **3.** … aux … **4.** … au … **5.** … au …

6. de, des oder deux?
1. … deux … **2.** … des … **3.** … de la … **4.** … des …

3 a) Verben auf -er (S. 26-31)

1.

poser une question	corriger une faute
lancer un ballon	fermer une porte
manger une salade	commencer un travail

3 Das Verb (1)

2. Was muß man tun?

Il faut ranger les affaires. ... fermer la fenêtre.
... prononcer bien. ... manger la soupe.
... chercher un hôtel. ... poser une question.

3. Der Salat – la salade

4. Ergänze die Endungen:

1. Il regarde **2.** Ils regardent **3.** Elle cherche **4.** Elles cherchent **5.** Nous mangeons **6.** Tu prononces **7.** Ils parlent **8.** Nous rangeons **9.** Tu quittes **10.** Je commence **11.** Vous rangez **12.** Tu fonces.

5. Setze in den Plural:

1. Ils portent des cravates. **2.** Elles mangent des desserts.

6. Setze das passende Verb ein:

1. fument **2.** mange, mangent **3.** lançons **4.** posent **5.** prononçons **6.** cherche **7.** parles **8.** quittent **9.** commencez **10.** prononcent **11.** ferment.

7. Ein Gespräch mit Lücken

a) **1.** Non, je parle anglais, Peter parle français, Hélène et Pierre parlent allemand. **2.** Non, je regarde les cartes postales, Jean et Pierre regardent les revues. Elle regarde les tableaux. **3.** Oui, je fume des cigarettes. Elle fume des cigares.
b) **1.** mangeons **2.** rangeons **3.** prononçons **4.** commençons

8. Übersetze:

1. Les élèves montrent les photos. **2.** Nous corrigeons les fautes. **3.** Nous lançons le ballon à Pierre. **4.** Il cherche un hôtel. **5.** Ils (elles) cherchent une papeterie. **6.** Nous commençons le travail. **7.** Nous fonçons. **8.** La fille regarde le tableau et les garçons regardent les photos. **9.** Nous prononçons mal. **10.** Le monsieur parle français et les étudiants parlent anglais.

9. Was fehlt den Wörtern?

... l'hôtel – ... la fenêtre ... – ... commençons – ... mangeons – ... français.

10. Wörter bilden:

maison – hôtel – travail – tableau – fenêtre – allemand

3 b) Die Verneinung (S. 31-33)

1. Ergänze

1. ... arrête ... **2.** ... étudions ... **3.** ... thé ... café **4.** ... apporte ... **5.** ... écoutons ... **6.** ... l'amie ... l'ami ...

2. Ergänze die Antworten

1. Non, je ne fume pas. **2.** Non, il ne fonce pas. **3.** Non, il ne prononce pas bien. **4.** Non, ils ne ferment pas la porte. **5.** Non, je ne quitte pas la ville. **6.** Non, je ne cherche pas le journal.- **7.** Non, nous ne montrons pas les photos.

3. Verneine die Sätze:
1. Je n'invite pas d'amis. **2.** Ils n'écoutent pas la radio. **3.** Elle n'étudie pas le français. **4.** Je ne corrige pas de fautes. **5.** Je n'aime pas la salade. **6.** Vous ne posez pas de questions. **7.** Je ne ferme pas la fenêtre. **8.** Il n'arrête pas le taxi. **9.** Je ne fume pas de cigarettes. **10.** Ils n'arrêtent pas le taxi. **11.** Tu n'oublies pas de mots. **12.** Ils n'aiment pas le thé. **13.** Nous ne regardons pas les maisons. **14.** Nous n'apportons pas de fourchettes. **15.** Elle n'invite pas l'amie. **16.** Il ne montre pas de photos.

4. Übersetze:
1. Nous ne quittons pas la ville. **2.** L'oncle n'est pas là. **3.** Je n'ai pas de crayon. **4.** Ce ne sont pas les livres de Pierre. **5.** Il n'étudie pas l'allemand. **6.** Nous ne parlons pas anglais. **7.** La sœur n'apporte pas le livre. **8.** Nous n'invitons pas la tante. **9.** Je ne fume pas de cigarettes. **10.** Nous n'aimons pas le thé. **11.** Elle ne mange pas de soupe. **12.** Il n'apporte pas de verres. **13.** Il n'est pas à Paris. **14.** Ils ne rangent pas les affaires.

5. ami oder amie
L'amie … – … l'ami

6. „Bandwürmer"
Gisèle n'invite pas les amies de Nadine.
L'hôtel n'est pas mal.
Je n'écoute pas la radio.

3 c) Frageform (S. 34-35)

1. Bilde Fragesätze
1. Est-ce que tu écoutes la radio? **2.** Est-ce que vous étudiez le français? **3.** Est-ce qu'il corrige les fautes? **4.** Est-ce qu'elles arrêtent un taxi? **5.** Est-ce que vous aimez le thé? **6.** Est-ce qu'il ferme la fenêtre? **7.** Est-ce que vous cherchez un hôtel? **8.** Est-ce qu'elle parle allemand? **9.** Est-ce qu'ils commencent le travail?

2. Auf welche Fragen wird geantwortet?
1. Est-ce qu'elle aime le café? **2.** Est-ce qu'il apporte des verres? **3.** Est-ce qu'ils rangent les affaires? **4.** Est-ce qu'elles cherchent un hôtel? **5.** Est-ce que vous oubliez les mots? **6.** Est-ce que nous fonçons?

3. Übersetze:
1. Est-ce qu'il quitte l'hôtel? **2.** Est-ce que vous regardez les photos? **3.** Est-ce qu'elle étudie l'allemand? **4.** Est-ce qu'elle ferme la fenêtre? **5.** Est-ce qu'ils commencent le travail? **6.** Est-ce que nous arrêtons le taxi? **7.** Est-ce que tu aimes le café? **8.** Est-ce qu'il invite Pierre? **9.** Est-ce qu'elle cherche le journal? **10.** Est-ce que nous corrigeons les fautes?

3 d) Der Imperativ (S. 35-38)

1. Bejahter und verneinter Imperativ
1. Garde le livre. Ne garde pas le livre. Gardons le livre. Ne gardons pas le livre. Gardez le livre. Ne gardez pas le livre. **2.** Enfile la veste. N'enfile pas la veste. Enfilons la veste. N'enfilons pas la veste. Enfilez la veste. N'enfilez pas la veste. **3.** Ferme la fenêtre. Ne ferme pas la fenêtre. – Fermons la fenêtre. Ne fermons pas la fenêtre. Fermez la fenêtre. Ne fermez pas la fenêtre. **4.** Regarde la photo. Ne regarde pas la photo. Regardons la photo. Ne regardons pas la photo. Regardez la photo. Ne regardez pas la photo.

2. Befehlssätze ergänzen:
1. Range les affaires, Hélène. **2.** Enfile le pull, Pierre. **3.** Ne mange pas le dessert de Pierre, Hélène. **4.** Commencez le travail, Pierre et Hélène. **5.** Apportez les couverts, Pierre et Hélène. **6.** Ne rentrez pas trop tard, Pierre et Hélène. **7.** Ne fume pas les cigarettes de papa, Hélène.

3. Was sagt Frau Colotte zu Pierre?
1. … ne tire pas le chat par la queue!
2. … ne fume pas!
3. … ne tire pas la langue!

4. Übersetze:
1. Rentre à la maison. **2.** Restez ici. **3.** Ne montons pas. **4.** Enfilez le pull. **5.** Arrêtez un taxi. **6.** Rentrons. **7.** Montez. **8.** Ne monte pas. **9.** Apportez un verre, s'il vous plaît. **10.** Ferme la fenêtre. **11.** Ne restons pas à l'hôtel. **12.** Gardez la photo. **13.** Invitons Pierre. **14.** Montons sur la tour Eiffel. **15.** Regardez le tableau.

5. **1.** … enfile … 2. … restez … 3. … rentrer 4. … garde … 5. … monte …

4 a) Regelmäßige Verben auf -re (S. 38-41)

1. Beschreibe die Szene:
Dominique attend Nathalie. – Le facteur perd une lettre. – La marchande vend des bananes. – La dame descend. – Maman entend le bébé.

2. Verben vervollständigen:
1. J'attends … **2.** Entends-tu… **3.** Descend-il … **4.** Ne perds pas … **5.** Vend-elle … **6.** Les touristes descendent … **7.** Attendent-ils … **8.** Pierre rend … **9.** Vends-tu … **10.** Il ne répond … **11.** N'attends pas … **12.** Descendez-vous?

3. Übersetze:
1. Attends! Tu perds les cartes postales. **2.** Voici la tour Eiffel. Descendons. **3.** Entends-tu les enfants? **4.** Ne descendez pas! Attendez encore un peu. **5.** Attends-tu la tante? **6.** Il vend du pain, des croissants et des petits pains. **7.** Ne perdez pas courage! **8.** Ils ne rendent pas l'argent. **9.** Ne perds pas la photo! **10.** Elle entend mal, elle n'entend pas tes questions. **11.** Vendez-vous le tableau? **12.** Entendez-vous les élèves? **13.** N'interrompez pas la dame! **14.** Vend-il beaucoup de livres? **15.** Descendez-vous à Bordeaux?

4. Ergänze die Endungen falls nötig.
1. Il écoute ... . **2.** Elle vend ... . **3.** ... tu rentres? **4.** Rends ... . **5.** Tu ne descends pas? **6.** J'entends Pierre. **7.** Ne perds pas la carte postale. **8.** Est-ce qu'il fume? **9.** J'écoute une chanson. **10.** Où est-ce qu'elle descend? **11.** Elle ne monte pas dans le taxi.

4 b) Verben auf -ir (S. 41-45)

1. Fragen zu den neuen Vokabeln:
1. – le potage; **2.** le vin, la bière – le fruit, le fromage; **3.** le garçon, la serveuse; **4.** la viande;

2. Setze in alle Personen:
1. Tu choisis un vin blanc, tu n'aimes pas la bière. – Il/elle choisit ..., il/elle n'aime pas ... – Nous choisissons ..., nous n'aimons pas ... – Vous choisissez ..., vous n'aimez pas ... – Ils/elles choisissent..., ils/elles n'aiment pas... .
2. Tu finis le travail parce que tu sors. – Il/elle finit ... il/elle sort. – Nous finissons ... nous sortons. – Vous finissez ... vous sortez. – Ils/Elles finissent ... ils/elles sortent.

3. Ergänze die Endungen:
1. Le garçon sert ... et remplit ... **2.** Les clients réfléchissent ... **3.** Nous choisissons ... **4.** Tu choisis ... **5.** Les garçons servent ... **6.** Elle remplit ... **7.** Vous choisissez ... **8.** M. Colotte réfléchit ... **9.** Nous grossissons ..., nous mangeons **10.** Vous servez ... **11.** Pierre choisit ... **12.** Les serveuses servent ... **13.** Les clients sortent ... et partent. **14.** L'oncle et la tante réfléchissent ..., ils choisissent **15.** Vous ne grossissez pas ..., ne mangez pas ... **16.** tu dors? **17.** vous partez? – nous partons ... **18.** Dormez. **19.** Choisissez ... **20.** Vous remplissez ...

4 Verben (2)

4. Bejahte und verneinte Befehle:
1. «Dormez.» **2.** «Ne sors pas sans manteau.» **3.** «Ne pars pas sans argent.» **4.** «Finissez le travail.» **5.** «Réfléchissez.» **6.** «Ne dormez pas trop longtemps.» **7.** «Ne servez pas la bière sans verres.» **8.** «Ne partez pas.» **9.** «Ne choisissez pas de plats garnis trops chers.»

5. Übersetze:
1. Que choisissez-vous? **2.** Nous ne dormons pas longtemps. **3.** Le garçon apporte les hors-d' œuvres. **4.** M. Colotte choisit une cravate bleue. **5.** Sentez! **6.** Ne partez-vous pas? **7.** Réfléchissons un moment. **8.** Qui sert les clients? Un garçon ou une serveuse? **9.** Remplissons les verres! **10.** Hélène sort avec Robert. **11.** Voici quelques rafraîchissements. Choisissez! **12.** Sens-tu le fromage? – Il est très bon. **13.** Ils ne réfléchissent pas longtemps et choisissent un bon vin rouge. **14.** Les clients ne partent pas, ils restent à l'hôtel **15.** Tu réfléchis longtemps. Que choisis-tu? **16.** Je grossis parce que je mange trop de pommes de terre. **17.** Ne sortez pas sans parapluie! **18.** Choisissez-vous du fromage ou des fruits? **19.** Le garçon sert le vin et les verres sur un plateau. **20.** La serveuse apporte l'addition sur une assiette. **21.** Ne remplissez pas les verres! Partons! **22.** Part-il pour Paris? **23.** Elle mange beaucoup, mais elle ne grossit pas.

6. Die Schreibung des Nasals:
1. longt<u>emps</u>; la vi<u>an</u>de; le cli<u>en</u>t; il att<u>en</u>d; un mom<u>en</u>t; les <u>en</u>f<u>an</u>ts; les par<u>en</u>ts
2. vous rempli<u>ss</u>ez, ils/elles rempli<u>ss</u>ent; vous choi<u>s</u>i<u>ss</u>ez; ils/elles choi<u>s</u>i<u>ss</u>ent; vous gro<u>ss</u>i<u>ss</u>ez, ils/elles gro<u>ss</u>i<u>ss</u>ent.
3. 1. à; **2.** a; **3.** a à; **4.** à

4 c) Verben auf -er mit Veränderungen im Stamm (S. 45-51)

1. – envoyer … – peler … – peser … – épeler … – nettoyer … – posséder …

2. Setze die richtige Verbform ein:
1. j'emmène; vous emmenez; elles emmènent; tu emmènes;
2. elles appellent; tu appelles; nous appelons; elle appelle;
3. nous complétons; je complète; vous complétez; ils complètent; il complète;
4. il envoie; vous envoyez; elles envoient; tu envoies.

3. Vervollständige:
1. Elle pèse … . La route mène … . Ils emmènent … . Nous achetons … . Il pèle. **2.** Elle appelle … . Mme Colotte feuillette … . – Nous épelons … . **3.** Nous complétons … . M. Colotte possède … . Possédez-vous …? **4.** La femme nettoie … . Nous essuyons.

4. Passende Verben aus der Wortliste:
1. Envoyez-vous… ? **2.** Pierre pèle… **3.** Les femmes nettoient… **4.** Hélène épèle… **5.** … envoie **6.** M. Colotte possède … **7.** Les vendeurs pèsent … **8.** Nous envoyons … **9.** Nous nettoyons … **10.** Les filles pèlent.

5. Ergänze die Antworten:
1. Non, nous essuyons … Pierre essuie … **2.** Non, j'envoie … Pierre et Hélène envoient … **3.** Oui, j'appelle … **4.** Oui, j'achète … Pierre et Hélène achètent … **5.** Non, nous n'emmenons pas … M. et Mme Colotte emmènent …

6. Was machen die Leute auf den Bildern?
1. … pèle une pomme. **2.** … pèse un poisson. **4.** … envoie un télégramme. **4.** … nettoie la chambre.

7. Übersetze:
1. Ils possèdent une maison à Marseille. **2.** Épelez le nom de la ville. **3.** Achètes-tu une livre de pommes, s'il te plaît? **4.** Les enfants feuillettent un livre. **5.** Il mène les touristes à la cathédrale. **6.** Achetez-vous une auto? **7.** Le garçon n'essuie pas les verres. **8.** Elle n'achète pas le livre. **9.** Mme Colotte paie l'addition (Mme Colotte paye …). **10.** Les enfants envoient une carte postale aux amis. **11.** Elle lève le journal. **12.** Il épèle l'adresse. **13.** Julien emmène son oncle. **14.** Répétez le mot, s'il vous plaît. **15.** Payons l'addition. **16.** Appelle Dominique! **17.** Lève le livre! **18.** N'achetez pas les poires. **19.** Appelons un taxi! **20.** Achetez-vous l'auto? **21.** Achètent-ils la bicyclette? **22.** Appelle le garçon, s'il te plaît.

8. e oder è?
1. … achetons … **2.** Enlève … **3.** … mène … **4.** … pèse … **5.** … pelez … **6.** Répétez … **7.** … achètes … **8.** … emmenez …

9. i oder y?
1. Le garçon nettoie … . **2.** … pour envoyer … . **3.** Daniel essuie … . **4.** Est-ce que tu tutoies …? **5.** Les enfants essuient … . **6.** Les garçons envoient … .

10. Setze einfache oder doppelte Konsonanten ein:
l oder ll: **1.** Jean appelle … . **2.** Il faut épeler … .
3. Vous appelez … . **4.** Il faut renouveler … .
t oder tt: **1.** … tu jettes … . **2.** Pierre achète … .
3. Ne jetez pas … . **4.** On projette … .

4 d) Unregelmäßige Verben (S. 52-55)

1. Ergänze die Sätze:
1. … lit. ; **2.** … pied … voiture; **3.** … vérité; **4.** Combien ça fait?; **5.** … mal; **6.** … cuisine; **7.** …va; **8.** … va chercher; **9.** … rien à …

2. Setze die Verbformen ein:
1. Où vas-tu? – Je vais … **2.** Où vont Pierre et Charles? **3.** Nous allons … **4.** Où va-t-il? **5.** Ça va? **6.** … vous allez …? **7.** … vas-tu? **8.** Je vais chercher …
1. Que fais-tu? – Je fais … **2.** Qui fait la cuisine? **3.** … cela fait-il? **4.** vous faites … **5.** tu me fais mal. **6.** Nous faisons …
1. On dit qu'il … **2.** … tu dis …? **3.** Vous dites des … **4.** Dites-moi, … **5.** … vous dites? **6.** Dis-moi, … **7.** Les enfants ne le disent pas.
1. … tu lis? **2.** Je lis … **3.** … vous lisez? – Nous lisons … **3.** Ils lisent … **4.** Lit-elle …?

3. Übersetze:
1. Comment allez-vous? **2.** Je vais très bien. **3.** Qui fait la cuisine aujourd'hui? **4.** Vous me faites mal. **5.** Dis-tu la vérité? **6.** Nous n'allons pas à pied, nous allons en voiture. **7.** Allez-vous en Italie? **8.** Combien cela fait-il? **9.** On dit qu'il est pauvre. **10.** Faites attention! **11.** Il n'y a rien à faire. **12.** Que faites-vous en ville? **13.** Quand fais-tu ton lit? **14.** Je ne dis pas de bêtises. **15.** Dites-moi, où est la cathédrale, s'il vous plaît? **16.** Les enfants font leurs chambres. **17.** Est-ce qu'il va à Marseille? **18.** Que lis-tu? **19.** Vous lisez trop peu. **20.** Fais attention! **21.** Lisez cette lettre. **22.** Est-ce qu'elle va à Paris? **23.** Il lit un journal anglais. **24.** Que lisez-vous? **25.** Allez-vous chercher le médecin? **26.** Je vais chercher un verre d'eau.

4. vont oder font?
1. font – vont; **2.** vont – font

5. vais oder fais?
1. vais – fais; **2.** fais – vais

6. lit; dit; dites; bêtises; attention

4 e) Das Futur composé (S. 55-57)

1. Ein Regentag
vais … quitter – ne vais pas faire des études – on va aller – on va faire du stop – nous allons rendre visite – on va envoyer

2. Lücken füllen
1. va venir demain **2.** va écouter **3.** Après-demain … vont faire . **4.** … vont visiter … **5.** ne vont pas rentrer … **6.** Dans un mois … va commencer

3. Übersetze:
1. Je ne vais pas travailler demain. **2.** Mon ami va venir la semaine prochaine. **3.** Mes parents vont acheter une maison en Bretagne. **4.** Je ne vais pas lire ce livre. **5.** Daniel va partir après-demain. **6.** Ils / Elles vont venir à Paris bientôt. **7.** Dans un mois nous allons aller en vacances.

5 a) Maskulinum und Femininum d. Adjektivs im Singular (S. 58-62)

1. Fülle die Kästchen mit Farbadjektiven aus
r o u g e g r i s v e r t n o i r

2. Kleidungsstücke von Männern und Frauen:

3. Setze die passende Form von avoir ein:
1. Nous avons **2.** Elle a **3.** Tu as **4.** J'ai **5.** Vous avez **6.** Ils ont **7.** Les garçons ont **8.** Pierre a **9.** La fille a **10.** J'ai

4. Setze die passende Form von être ein:
1. Nous sommes **2.** L'oncle est **3.** Il est **4.** Ils sont **5.** Les cahiers sont **6.** Je suis **7.** Vous êtes **8.** Les gants sont **9.** Tu es

5. Fragen nach Kleidungsstücken:
a) 1. Est-ce qu'il porte un pantalon? – Oui, il porte un pantalon noir.- **2.** Est-ce qu'il porte un pull? – Oui, il porte un pull vert **3.** Est-ce qu'il porte un manteau? – Oui, il porte un manteau jaune. **4.** Est-qu'il porte un costume? – Oui, il porte un costume gris.
b) 1. Est-ce qu'elle porte une robe? – Oui, elle porte une robe verte. **2.** Est-ce qu'elle porte une écharpe? – Oui, elle porte une écharpe bleue. **3.** Est-ce qu'elle porte une jupe? – Oui, elle porte une jupe grise. **4.** Est-ce qu'elle porte une veste? – Oui, elle porte une veste blanche.

a) Frauen	une robe	**b)** Männer	une chemise
un pantalon	une jupe	un pantalon	
un costume	une chaussette	un costume	une chaussette
un pull	une cravate	un pull	une cravate
un imperméable	une écharpe	un imperméable	une écharpe
un manteau	une veste	un manteau	une veste
un gant	des chaussures	un gant	des chaussures

6. Adjektive einsetzen:
1. chère **2.** grise **3.** blanche **4.** bon **5.** bleu **6.** noire **7.** bleue **8.** cher **9.** noir

7. Substantive einsetzen:
1. La jupe … **2.** La veste … **3.** Le costume … **4.** Le pull …

8. Übersetze:
1. De quelle couleur est la cravate? La cravate est jaune. **2.** Est-ce qu'elle porte un manteau? Oui, un manteau rouge. **3.** De quelle couleur est la chemise de Pierre? – Jaune ou blanche? **4.** L'écharpe d'Hélène est blanche et le pull de Pierre gris. **5.** Voilà le pantalon gris et le manteau noir. **6.** C'est une chemise chère, elle est blanche et bleue. **7.** Il porte une chaussette noire et une chaussette grise. **8.** Est-ce qu'il porte une cravate? Oui, elle est verte et jaune. **9.** De quelle couleur est l'imperméable de M. Colotte? L'imperméable est jaune.

5 b) der Plural des Adjektivs (S. 62-67)

1. Beschreibe die Kleidungsstücke:
1. La cravate est trop longue – Le pantalon est trop long. – La veste est trop longue. **2.** La chemise est trop étroite. – La veste est trop étroite. – Le pantalon est trop étroit. **3.** Le pull est trop large. – Les chaussettes sont trop larges. – La jupe est trop large. **4.** La veste est trop sale. – Les gants sont trop sales. – Le pantalon est trop sale.

2. Unregelmäßige Femininumformen:
a) long – longue; léger – légère
b) blanc – blanche; bon – bonne; cher – chère

3. Vervollständige die Adjektive:
1. bleues. **2.** courtes **3.** longues **4.** longs **5.** jaunes **6.** grises **7.** étroite **8.** étroites **9.** vertes **10.** larges **11.** noires

4. Setze die richtige Form des Adjektivs ein:
1. bleues **2.** courte **3.** blancs **4.** étroites **5.** courtes **6.** long **7.** grises **8.** grands **9.** petites **10.** sales **11.** rouges **12.** lourds **13.** courtes

5. Gegensatzpaare:
1. Non, la jupe est étroite. **2.** Non, la veste est petite. **3.** Non, les cravates sont courtes. **4.** Non, les pulls sont grands. **5.** Non, le manteau est léger. **6.** Non, le costume est court. **7.** Non, les chaussettes sont sales.

6. Unregelmäßige Adjektive:
1. long; longue **2.** léger; légère **3.** blanc; blanche **4.** cher; chère

7. Welches Adjektiv paßt in die Lücke?
1. chers **2.** blanche **3.** légères **4.** long

8. Übersetze:
1. Les chaussettes sont trop chères. **2.** Les pulls sont trop étroits. **3.** Avez-vous des chemises légères? **4.** Les gants sont trop chers. **5.** Où sont les pulls sales? **6.** Voilà l'écharpe blanche. **7.** Est-ce que les jupes sont longues? **8.** Les vestes sont très grandes. **9.** Est-ce qu'elle porte des manteaux chers? **10.** Où sont les chemises légères? **11.** Les manteaux sont trop lourds. **12.** Avez-vous des cravates bleues? **13.** La chemise blanche est sale. **14.** Les vêtements sont trop chers. **15.** Il porte des chaussettes vertes. **16.** Le pantalon de Pierre est trop court. **17.** La cravate est assez longue. **18.** Les robes d'Hélène sont très larges. **19.** Où est la veste légère.

9. a, à oder as?
1. a, n'a; **2.** à, as; **3.** à, à, à

10. Ergänze die Sätze:
1. petite; **2.** grises; **3.** vert; **4.** grand

11. Kleider und Farben:
1. bleue; **2.** noire; **3.** verts; **4.** rouges; **5.** jaunes

5 c) Die Stellungs des Adjektivs. (S. 67-70)

1. **1.** le fauteuil, la chaise; le canapé, le lit
2. une armoire, une étagère, un placard
3. carré
4. Deutsch mit -m-: komfortabel
5. un tapis

2. Setze das Adjektiv an die richtige Stelle im Satz:
1. le livre vert. **2.** ... un appartement moderne ... **3.** de son fauteuil confortable. **4.** ... une table carrée, un canapé rouge, et une haute armoire. **5.** la petite fille? **6.** Le jeune homme ... **7.** Les chaises confortables ... **8.** un bon restaurant. **9.** La table ronde ... **10.** ce tapis jaune? **11.** un beau placard. **12.** Cette haute armoire ... **13.** Ce canapé confortable. **14.** Les petits lits ... **15.** un bon dessert. **16.** un repas excellent. **17.** une histoire intéressante. **18.** un imperméable gris. **19.** une cravate anglaise.

3. Setze das Adjektiv an die richtige Stelle:
1. C'est un homme pauvre. C'est une pauvre femme.
2. C'est une robe chère. Mon cher ami ...
3. Son mari est un homme grand. – C'est un grand homme.

4. Übersetze:
1. Le vin français est excellent. **2.** Qui habite dans cette haute maison? **3.** Elle achète un manteau rouge. **4.** Ce beau tapis est très cher. **5.** Où sont les verres? Sur la petite étagère? **6.** Les touristes allemands visitent la cathédrale. **7.** Il a beaucoup d'argent, il n'est pas un garçon pauvre. **8.** Votre grand appartement n'est pas cher. **9.** Votre appartement cher n'est pas grand. **10.** Où est ma chemise blanche? **11.** Le petit placard me plaît. **12.** Ont-ils une belle maison? **13.** Ton imperméable est dans la haute armoire. **14.** Les hautes chaises ne sont pas confortables. **15.** La table ronde me plaît. **16.** Elle apporte du bon vin et des verres élégants. **17.** Elle n'a pas de parents, c'est une pauvre fille.

5. **a)** lit – gris; **b)** armoire – noir; **c)** étagère – vert

6. Ergänze die Endungen
a) le canapé; **b)** le musée; **c)** le lycée; **d)** le nez; **e)** le cahier

7. Wo steckt der Fehler?
co<u>n</u>fortable – vergl. dt. komfortabel

8.	un tapis carré	une table carrée
	un canapé moderne	une étagère moderne

6 a) Die Possessivbegleiter (S. 70-74)

1. Körperteile:
1. le nez; **2.** le visage; **3.** la tête; **4.** une oreille; **5.** les cheveux; **6.** la bouche; **7.** le cou; **8.** le bras; **9.** la main; **10.** la jambe; **11.** le pied.

2. Bilde Sätze
1. J'ai mal au cou. **2.** J'ai mal à la tête. **4.** J'ai mal au pied. **4.** J'ai mal aux dents. **5.** J'ai mal à la main. **6.** J'ai mal au bras.

3. Possessivbegleiter:
1. ma bicyclette **2.** notre voiture **3.** leur chien **4.** votre maison? **5.** vos enfants **6.** leurs desserts. **7.** tes amis? **8.** Nos chambres **9.** ses parents. **10.** votre nom **11.** leurs vacances. **12.** son costume **13.** sa voiture. **14.** sa femme?

4. Der richtige Begleiter:
1. ma maison et mon adresse. – ta lettre et ton enveloppe. – son orange et sa banane. – **2.** Leur maison ..., leurs pièces ... . Leurs parents..., Leur père..., leur mère...

5. Übersetze:
1.Où sont vos grand-parents? **2.** Nos livres ne sont pas là. **3.** Ses cheveux sont bruns. **4.** Ses cheveux sont blonds. **5.** Voici votre manteau. **6.** Voici vos manteaux. **7.** Est-ce une photo de ton amie? **8.** Est-ce une photo de ta maison? **9.** Sa sœur est blonde. **10.** Où sont nos chambres? **11.** Vos amis ne sont pas là. **12.** Son visage est rond. **13.** Nous envoyons une carte postale à notre oncle. **14.** Il cherche son crayon. **15.** Je ne trouve pas ma cravate. **16.** Il regarde son tableau. **17.** Sa robe est trop longue. **18.** Mangez-vous votre dessert? **19.** Est-ce votre auto?

6. Ergänze die Endung des Adjektivs:
1. ... bleus, ... blonds ... pointu. **2.** ... longs, ... courtes. **3.** ... ronde ... blanches ... long.

6 b) Der Demonstrativbegleiter (S. 74-77)

1. Hauptstädte:

Zurich	est la capitale	de la Suisse.
Rome		de l'Italie.
Amsterdam		des Pays-Bas.
Bruxelles		de la Belgique.
Madrid		de l'Espagne.
Londres		de l'Angleterre.
Washington		des Etats Unis.

2. Personen und Länder:
Gianna Nannini est une Italienne. – Vincent van Gogh est un Hollandais. – Wilhelm Tell est un Suisse. – Carmen est une Espagnole.

3. Setze den Demonstrativbegleiter ein:
1. Ce vin **2.** ces touristes. **3.** Cette dame **4.** cet hôtel? **5.** cette pomme **6.** C'est **7.** Cette orange **8.** Cet imperméable **9.** ce fromage **10.** Ces gens-là – ce sont **11.** ce restaurant **12.** ces cravates.

4. Bilde vier Sätze:
Ce n'est pas un Français, c'est un Belge. – Ce n'est pas une Espagnole, c'est une Italienne. – Ce n'est pas un Anglais, c'est un Américain. – Ce n'est pas une Suisse, c'est une Allemande.

5. Übersetze:
1. Cette Italienne parle allemand. **2.** La femme de cet Américain est Hollandaise. **3.** Voici l'adresse de cet Espagnol. **4.** Cet Italien est de Venise. **5.** Ces chambres sont pour les touristes allemands. **6.** Ce n'est pas un journal français. **7.** Cet hôtel n'est pas loin de la ville. **8.** Cette voiture américaine est trop chère. **9.** Ces étudiants russes partent. **10.** Aimez-vous ces robes italiennes? **11.** Ce n'est pas la chambre de Pierre, c'est la chambre d'Hélène. **12.** Cet Allemand est de Berlin.

6. Groß- und Kleinschreibung:
1. ... le café italien. **2.** Les Belges parlent français ... flamand. **3.** ... les Alpes suisses. **4.** ... un Anglais. **5.** Les Américains ... les châteaux allemands. **6.** Les Suisses ... : français, allemand, italien.

7. cet oder cette?
1. Cette armoire ... . **2.** ... cette orange. **3.** Cet homme ... . **4.** Cet élève ... . **5.** Cette élève ... . **6.** Cet hôtel ... .

8. Ces oder ses?
1. Ces touristes ... . **2.** ... dans ses poches. **3.** ... appelle ses enfants. **4.** ... ses amis. **5.** ... ces Italiens-là **6.** ... ces cravates? ... ses cravates ...

7 a) Fragewörter und Fragesätze (S. 78-82)

1. Ergänze die Sätze mit Wörtern, die sich reimen.
1. la pièce; **2.** le couloir; **3.** la cuisine; **4.** au rez-de-chaussée; **5.** le balcon; **6.** la salle de séjour; **7.** la salle de bains; **8.** qui sonne; **9.** une grande clé;

2. Finde die Fragen.
1. A quoi sert cette clé? **2.** A qui parles-tu? **3.** A qui est cette Peugeot?

3. Setze die Fragewörter ein:
1. Qui ...; **2.** Que ...; **3.** Qui ...; **4.** Qui ...; **5.** A qui ...; **6.** A quoi ...; **7.** Que ...; **8.** Que ...; **9.** Que ...; **10.** Qui ...?

4. Wie fragst du nach diesen Wörtern?
1. A qui est cette Renault? – A qui est-ce que cette Renault est? **2.** Qui est dans la salle de

séjour? – Qui est-ce qui est dans la salle de séjour? **3.** Qu'est-ce qu'elle prépare ...? **4.** A qui donnes-tu la clé? – A qui est-ce que tu donnes ...? **5.** A qui montres-tu l'appartement – A qui est-ce que tu montres ...? **6.** Qu'est-ce qu'il possède? **7.** De qui parles-tu? – De qui est-ce que tu parles? **8.** A quoi penses-tu? – A quoi est-ce que tu penses? **9.** Qui travaille dans un hôtel? – Qui est-ce qui travaille ...? **10.** Qui est-ce qu'il regarde? **11.** Qu'est-ce qu'elle achète? **12.** A quoi sert la clé? – A quoi est-ce que la clé sert? **13.** Avec qui sort-elle? – Avec qui est-ce qu'elle sort? **14.** Que ne trouves-tu pas? – Qu'est-ce que tu ne trouves pas?

5. Stelle je eine Frage nach den Satzteilen:

1. Qui envoie une carte postale? – Qu'envoient les enfants? – A qui les enfants envoient-ils une carte postale?

2. Qui parle de son appartement? – De quoi parle M. Colotte? – A qui est-ce que M. Colotte parle de son appartement?

3. Qui porte la robe de sa mère? – Que porte Jeanne? – De qui est-ce que Jeanne porte la robe?

4. Qui mange les sandwiches de son frère? – Que mange Hélène? De qui est-ce que Hélène mange les sandwiches?

6. Übersetze:

1. A qui donnes-tu le livre? **2.** A quoi sert ce couteau? **3.** A quoi penses-tu? **4.** A qui penses-tu? **5.** A qui est cette maison? **6.** Que mangez-vous? **7.** Qui sonne? **8.** Qui est-ce qu'il emmène à Bordeaux **9.** De qui parlez-vous? **10.** A qui est cette clé? **11.** Avec qui sortez-vous? **12.** A qui montres-tu l'appartement? **13.** Qu'est-ce qu'elle achète? **14.** A qui donnes-tu l'argent? **15.** Qu'envoyez-vous à vos amis? **16.** Que lis-tu? **17.** Qui est dans la salle de bains? **18.** Que fait-il dans le couloir? **19.** A quoi servent ces petites fourchettes? **20.** Qui habite au rez-de-chaussée?

7. la oder là?

1. la; là **2.** là; la

8. ou oder où?

1. où; **2.** ou

9. Ergänze die Verben:

1. Ouvre – ouvre; **2.** Lave – lave; **3.** Prends – prend; **4.** Mets – met; **5.** Fais – fait; **6.** Achète – achète

Mme Colotte dit à Daniel:

1. Ferme – ferme; **2.** Viens – vient; **3.** Bois – boit; **4.** Dis – dit; **5.** Réponds – répond; **6.** Appelle – appelle.

7 b) Fragewörter der Zeit, des Ortes und des Grundes (S. 83-85)

1. Forme die Aussagesätze in Fragesätze ein:

a) Fragen nach der Zeit:

1. Quand arrivez-vous à Strasbourg? – Quand est-ce que vous arrivez ...? **2.** Quand manges-tu au restaurant? – Quand est-ce que tu manges ...? **3.** Quand achètent-ils une voiture? – Quand est-ce qu'ils achètent ...? **4.** Quand est-ce qu'elle nettoie ...? **5.** Quand envoyez-vous un paquet à votre ami? – Quand est-ce que vous envoyez ...? **6.** Quand est-ce qu'il emmène ...? **7.** Quand achètes-tu une robe? – Quand est-ce que tu achètes ...? **8.** Quand finis-tu ton travail? – Quand est-ce que tu finis ton travail? **9.** Quand partez-vous? – Quand est-ce que vous partez? **10.** Quand êtes-vous à la maison? – Quand est-ce que vous êtes ...?

b) Fragen nach dem Ort:
1. Où est-ce qu'il travaille? **2.** Où achetez-vous du fromage? Où est-ce que vous achetez du fromage? **3.** Où montons-nous? – Où est-ce que nous montons? **4.** Où portes-tu la lettre? – Où est-ce que tu portes la lettre **5.** Où est-ce qu'elle étudie ...? **6.** Où est-ce qu'il arrête ...? **7.** Où vois-tu un restaurant? – Où est-ce que tu vois ...? **8.** Où cherchez-vous un appartement? – Où est-ce que vous cherchez ...? **9.** Où achètent-ils une maison? – Où est-ce qu'ils achètent ...? **10.** Où dormons-nous – Où est-ce que nous dormons?

c) Fragen nach dem Grund:
1. Pourquoi est-il dans sa chambre? – Pourquoi est-ce qu'il est ...? **2.** Pourquoi frappes-tu à la porte? – Pourquoi est-ce que tu frappes ...? **3.** Pourquoi ne montez-vous pas? – Pourquoi est-ce que vous ne montez pas? **4.** Pourquoi est-ce qu'il ne mange pas ...? **5.** Pourquoi est-ce qu'il porte ... **6.** Pourquoi achetez-vous des timbres? – Pourquoi est-ce que vous achetez des timbres? **7.** Pourquoi regardez-vous la photo? – Pourquoi est-ce que vous regardez la photo? **8.** Pourquoi appelles-tu le garçon? – Pourquoi est-ce que tu appelles ...? **9.** Pourquoi choisissez-vous un costume noir? – Pourquoi est-ce que vous choisissez un ...? **10.** Pourquoi fermes-tu la porte du couloir? – Pourquoi est-ce que tu fermes la porte du couloir?

2. Übersetze:
1. Où habitez-vous? **2.** Quand partez-vous? **3.** Pourquoi est-ce qu'il travaille si longtemps? **4.** Où achetez-vous ce bon vin? **5.** Pourquoi lis-tu ce livre? **6.** Où vois-tu un bus? **7.** Pourquoi mangez-vous dans ce restaurant? **8.** Quand arrive ton oncle? **9.** Pourquoi est-il malade? **10.** Pourquoi apprends-tu le hollandais? **11.** Quand cherches-tu la clé? **12.** Pourquoi emmenez-vous Hélène? **13.** Quand répétez-vous les mots? **14.** Où attendez-vous votre ami? **15.** Quand descendez-vous les escaliers? **16.** Pourquoi vendez-vous votre maison? **17.** Où est-ce qu'il arrive? **18.** Pourquoi ne parles-tu pas français? **19.** Où sonnes-tu? **20.** Pourquoi est-ce qu'il ferme la fenêtre?

3. il, ils, elle oder elles?
1. Il; **2.** Elle; **3.** Elles; **4.** Ils; **5.** Ils; **6.** Elle; **7.** Il; **8.** Elles

4. Ergänze:
1. thé **2.** lycée **3.** écoutez **4.** calendrier

5. Endungen der Verben:
1. boit – bois; **2.** ouvre – ouvre; **3.** met – mets; **4.** fume – fume; **5.** dit – quitte

6. leur oder leurs?
1. leurs; **2.** leur; **3.** leur, leurs; **4.** leur

8 a) Das Reflexivpronomen (S. 86-89)

1. Ergänze die Sätze:
1. ... se réveiller. **2.** ... se peigner. **3.** ... serviette de toilette ... s'essuyer. **4.** ... glace ... regarder. **5.** ... brosse à dents ... laver les dents

2. Ergänze:
... de bonne heure, ... tard. ... se dépêcher.

3. Ergänze die Reflexivpronomen:
1. s'éveillent ... **2.** Te laves ... **3.** se dépêchent. **4.** Vous vous essuyez ... **5.** ... tu t'habilles? – Je m'habille ... **6.** ... se dépêche.

4. Du darfst wieder „nein" sagen:
1. Non, elle ne s'éveille pas de bonne heure. **2.** Non, je ne me peigne pas à la cuisine. **3.** Non, il ne se regarde pas dans la glace. **4.** Non, nous ne nous habillons pas pour sortir. **5.** Non, ils ne se lavent pas avec de l'eau chaude.

5. Bilde verneinte Fragesätze:
1. Ne vous lavez-vous pas? **2.** Ne s'habillent-elles pas? **3.** Ne te peignes-tu pas? **4.** Ne se dépêchent-ils pas? **5.** Ne vous essuyez-vous pas?

6. Übersetze:
1. Comment vous appelez-vous? **2.** Comment s'appelle ce monsieur-là? **3.** A quelle heure vous levez-vous? **4.** Te laves-tu avec de l'eau froide? **5.** Je me réveille toujours tôt. **6.** Pourquoi ne te peignes-tu pas? **7.** Ils ne se lavent pas avec de l'eau chaude. **8.** Elle se regarde dans la glace. **9.** Il est dans la salle de bains, il se peigne. **10.** Pourquoi t'essuies-tu avec ma serviette de toilette? **11.** Pourquoi ne t'habilles-tu pas? **12.** Il se dépêche parce que l'eau est froide.

7. e oder è?
... lèvent – ... levons ... – me lève ... – vous levez

8. i oder y?
s'essuie ... – Essuyez-vous ... – ... essuie ...

8 b) Indirekte und direkte Objektpronomen der 1. u. 2. Person (S. 89-90)

1. Setze das fehlende Objektpronomen ein:
1. nous apporte **2.** vous cherche **3.** t'apporte **4.** t'invite

2. Verneine folgende Sätze:
1. Il ne vous attend pas ... **2.** Elle ne m'envoie pas ... **3.** Elle ne nous montre pas ... **4.** Le monsieur ne vous regarde pas. **5.** Il ne t'aime pas. **6.** Il ne me demande pas.

3. Bilde Fragesätze:
1. Me donnes-tu ...? **2.** Vous attend-elle? **3.** Nous envoyez-vous ...? **4.** Nous invites-tu ...? **5.** Me cherchez-vous? **6.** Nous apportez-vous ...?

4. Übersetze:
1. Il nous montre ses tableaux. **2.** A quelle heure nous attends-tu? **3.** Il t'invite. **4.** Il ne me corrige pas. **5.** Pourquoi nous quittez-vous? **6.** M'apportes-tu les journaux? **7.** Je te cherche toute la journée. **8.** Nous vous invitons pour une tasse de café. **9.** Nous entendez-vous? **10.** Pourquoi ne nous attends-tu pas? **11.** Je vous apporte du thé chaud? **12.** Nous montrez-vous la maison? **13.** Me donnes-tu le livre? **14.** Il t'attend devant la maison.

8 c) Direkte und indirekte Objektpronomen der 3. Person (S. 91-96)

1. Vier große Gebäude:
z.B. le musée, la cathédrale, l'église, la tour

2. un guide – un plan de la ville – un agent de police/guide

3. Je ne trouve pas la rue de la Gare. J'admire cette place.

4. Die indirekten Pronomen (3. Person)

a) Ersetze die Satzteile durch ein indirektes Objektpronomen:
1. Le guide leur montre … **2.** Jean lui laisse … **3.** L'agent de police lui répond. **4.** Il leur envoie … **5.** Il lui montre … **6.** Est-ce qu'il lui demande? **7.** Le guide leur répond. **8.** Il lui donne … **9.** Elle lui parle. **10.** Il leur montre …

b) Ergänze die Sätze mit einem indirekten Personalpronomen:
1. leur explique … **2.** lui laisse … **3.** lui répond **4.** lui donne **5.** leur montre **6.** leur parle.

c) Übersetze:
1. Qu'est qu'il lui explique? **2.** Il ne lui répond pas. **3.** L'agent de police leur parle. **4.** Lui montrez-vous la cathédrale? **5.** L'agent de police lui donne son sac à main. **6.** Je lui demande. **7.** Nous leur envoyons les diapositives. **8.** Elle lui laisse son guide. **9.** Il lui montre la rue. **10.** Le guide leur répond.

5. Die direkten Objektpronomen (3. Person)

a) Ersetze die Satzteile durch ein direktes Objektpronomen:
1. Ils l'admirent. **2.** Elle les regarde. **3.** Je ne la trouve pas. **4.** Ils les regardent. **5.** Les touristes l'attendent. **6.** Il les envoie à son ami. **7.** Est-ce que vous l'aimez? **8.** Il ne l'achète pas. **9.** Tu ne la trouves pas? **10.** Vous le cherchez?

b) Ergänze die Sätze mit einem direkten Objektpronomen:
1. le trouvent **2.** l'aime **3.** le regardent **4.** l'admirent **5.** l'appelle **6.** le donne.

c) Übersetze:
1. Les étudiants cherchent la place. Ils la cherchent sur le plan de la ville, mais ils ne la trouvent pas. **2.** Hélène apporte des sandwiches, elle les porte dans son sac. **3.** Les diapositives sont chères, Robert ne les achète pas. **4.** L'église est très petite, tu ne la trouves pas sans plan de la ville. **5.** Le bâtiment est très beau, les touristes le regardent

longtemps. **6.** Jeannette a ton guide, elle le porte dans son sac. – **7.** Le guide n'est pas encore là, ils l'attendent devant l'église. **8.** Aimes-tu ces souvenirs? Les achètes-tu? **9.** Les sandwiches sont bons. – Pourquoi ne les manges-tu pas? **10.** Où sont les tours, je ne les vois pas.

6. Direkte oder indirekte Objektpronomen (3. Person)?

a) Ersetze die Satzteile durch das passende Objektpronomen:
1. Pourquoi ne les invitez-vous pas? **2.** Que lui montres-tu? **3.** Nous ne les attendons pas. **4.** Est-ce qu'ils la demandent à papa? **5.** Les mangez-vous? **6.** L'écoutent-ils? **7.** Il leur explique le problème. **8.** Il leur envoie une carte postale. **9.** Il le laisse à la jeune fille. **10.** Il lui laisse le chocolat. **11.** Il ne le donne pas à sa sœur. **12.** Il ne lui donne pas l'argent. **13.** Ils les visitent. **14.** Pourquoi ne lui répondez-vous pas? **15.** Ils les montrent à leurs parents. **16.** Ils leur montrent les photos. **17.** Je ne les trouve pas. **18.** Ils leur parlent.

b) Vervollständige die Antworten:
1. Non, je ne le mange pas. **2.** Non, je ne lui parle pas. **3.** Non, je ne le lis pas. **4.** Non, je ne les regarde pas. **5.** Non, je ne lui montre pas les photos. **6.** Non, je ne lui donne pas l'argent. **7.** Non, je ne lui envoie pas de lettre. **8.** Non, je ne l'écoute pas. **9.** Non, je ne lui donne pas les livres. **10.** Non, je ne les apporte pas. **11.** Non je ne l'aime pas. **12.** Non, je ne lui demande pas. **13.** Non, je ne leur parle pas. **14.** Non, nous ne les attendons pas. **15.** Non, je ne l'ai pas.

7. Leur oder leurs?
1. leurs – leur – leurs; **2.** leurs; **3.** leur – leurs.

8. la oder l'a?
l'a – la